갈대 습지

이오동 제3 시집

도서출판 청람서루

이오동의 제3 시집
갈대습지

초판 인쇄 : 2025년 9월 1일
초판 발행 : 2025년 9월 5일
지은이 : 이오동
발행인 : 김왕식
편집장 : 김학우
편집위원 : 이하늘
펴낸곳 : 도서출판 청람서루
출판등록번호 : 제 2024-000136호
주소 : 경기도 고양시 일산동구 탄중로 429 성지프라자 4층
전화 : 031-919-2505
이메일 : wangsik59@naver.com

값 : 13,000원
ISBN : 979-11-989851-3-2

저작권법에 의해 한국 내에서 보호를 받는 저작물이므로 무단전재와 무단복제를 금합니다. 이 책 내용의 전부 또는 일부를 이용하려면 반드시 저작권자와 서면 동의를 받아야 합니다.

잘못된 책은 구입하신 곳에서 바꾸어 드립니다.

님에게

사랑하기에도 짧은 시간들
서로에게 위안이 되는 따뜻한 동행이 되었으면 합니다.

202 .   .   .

"모든 것은 늘 그렇듯 자연의 흐름에 맡기며, 욕심 없이 머물 때 진정한 자유와 평화가 찾아오네."

"Everything, as always, follows the flow of nature; true freedom and peace come when we remain without desire."

책을 내면서

산을 오르다 옹기종기 피어있는
쑥부쟁이, 감국, 벌개미취, 산국, 구절초를 봅니다
자리다툼 없이
저마다의 색깔을 뽐내며 향기를 내뿜고 있는
꽃들에게서 어울림을 배웁니다
세상사가 이랬으면 좋겠습니다

다 자란 새끼들이 둥지를 떠나면
어미 까치도 둥지를 버리고 떠나는 새들의 생활방식에서
만남과 헤어짐의 선순환을 생각합니다

이번 시집은
일상에서의 소소한 이야기들을 담아
치장하지 않은 생 얼굴로 독자를 만나러 갑니다

부디
헐거워진 가슴마다 한 송이 들국화가
피어났으면 좋겠습니다

2025년 9월
이 오 동

제1부

시간을 역류하다

얼음새꽃	013
계단의 철칙	014
묵호항의 해거름	015
격렬비열도	016
놀이터의 시간	017
점자 블록	019
막차	021
시간을 역류하다	022
섬에서 산다	024
건조주의보	025
종기	026
황사가 불어오는 날	028
짝사랑하다	029
서랍	030
달동네	031
탄도항의 오후	033
문어	034
건축학개론	036

제2부

갈대 습지

한탄강은 흐른다	038
지계부대	040
신망리 사람들	042
한탄강 어부	044
그네	046
왕십리	048
갈대 습지	050
엄마와 감태	052
눈물은 빗물에 비례한다	054
철쭉동산	055
반월(半月) 호수	056
군포역전시장	058
수리산	060
보자기	061
아홉 마디를 견뎌야 제 이름을 갖는다	062
소래포구	064
직지, 돌아오다	065
벌랏한지마을	067

제3부

핑계의 진화

따뜻한 마음	070
달팽이	071
첫눈의 지문	073
4시	075
지금, 나는	076
반올림을 꿈꾸며	077
핑계의 진화	078
난지도 편지	080
첫차를 기다리는 사람들	081
냄비받침	082
바늘귀	083
과대포장	084
초침	085
갈림길	086
오래된 풍경	087
둥근 엔딩	088
날자, 새처럼	090
악수를 악수하다	092
나무새	093

제4부

어머니의 반죽

달 사냥꾼	095
자화상	096
국밥집에서	098
온실 효과	099
안개	100
옷의 감정	102
기적소리	103
침식 해안선	105
어머니의 반죽	106
형상기억합금	107
주름학개론	108
자가용	109
기울다	111
자갈치시장	113
빨래집게	114
길, 고양이	115
코뚜레	116
기억	117
프로필	118

대표작 10편 해설

묵호항의 해거름	121
격렬비열도	123
점자 블록	125
시간을 역류하다	128
한탄강은 흐른다	131
지게부대	134
갈대 습지	137
엄마와 감태	140
아홉 마디를 견뎌야 제 이름을 갖는다	143
달팽이	146
에필로그	150

제1부
시간을 역류하다

얼음새꽃*

군데군데 남아있는 잔설
아직 산비탈 바람이 차다

시린 발로 서서
낙엽 사이 샛노란 이름표를 내밀었다

늦겨울 앞섶에 꽂힌 저 꽃 브로치
한 송이 만으로도 눈이 부시다

어두운 땅속에서 묵묵히 버티다가
언 땅을 뚫고 솟아오르는 얇은 줄기 하나
봄의 깃발을 들고 먼저 나왔다

무엇이 그리 급했을까

꽃잎이 지면 금세 잊히는 얼음새꽃이
시린 얼굴로 봄의 거리를 재고 있다

*복수초의 순 우리말

계단의 철칙

허리를 펴본 적 없는
이 자세가 길이다

무수히 짓밟혀도
단단한 각을 버리지 않는다

그를 타고 오르면 허공도 만질 수 있다

모든 길이
한 번에 만들어지지 않는 것처럼
한 칸 한 칸 모서리를 이어 붙여
길이 되었다

누구에게나 등을 내어주고
잠시 앉아 왔던 길을 돌아보게 하는
층계참*

굽힌 다리를 펴고 딛는
생의 내리막길
오르기보다 더 위험하다는 것을 높이로 알려준다

*층계의 중간에 있는 좀 넓은 곳

묵호항의 해거름

논골담길 비탈을 오른다

거머리 같은 가난을 피해
바다도 검고 물새도 검은 묵호(墨湖)로 모여든 사람들
하루를 살아가기 위해
명태와 오징어를 담은 고무대야를 이고
촛대 같은 등대 주변 덕장을 오르내렸다

겨울 바다를 건져 올리는 어부와
새벽 어판장에서 생선을 다듬던
아낙네들의 숨결이 비릿하다
명태 떠나고 오징어도 사라진 지 오래인데
바다에서 돌아오지 못한 사람들이 담벼락에 남아있다

문득
사는 일이 이유 없이 북받칠 때
논골담 길을 오르내리던 지게꾼들의 땀방울과
검은 물살에 쓸려간 호명되지 못한 이름들을 생각한다

허름한 골목 담벼락에는
흘러간 시간이 뉘엿뉘엿 저물고
한때 밤바다를 수놓은
오징어잡이 배 집어등만 쓸쓸히 빛나고 있다

격렬비열도

해무가 걷히자
한 폭의 수묵화가 피어난다

하늘에는 새들이 줄지어 날고
바다에는 파도가 달린다

망망대해 우뚝 솟은 세 개의 봉우리
이곳에서 새들은 방전된 하늘을 충전한다

7000만 년 전 중생대 백악기에
화산 폭발로 태어난 화산섬
암벽에 둘러싸여 사람의 손길을 밀어내고
저 홀로 푸르다

따개비가 주상절리에 다닥다닥 꽃처럼 피어나고
쉴 새 없이 갯바위를 두들기는 포말은
떠나간 옛사람을 부르는 것일까

새벽녘 물 건너 이국땅에서 들려오던 닭 우는 소리도
멎은 지 오래, 노을이 드리운 바다에는
물비늘만 반짝이고 있다

괭이갈매기 울음 파도에 서럽다

놀이터의 시간

새들을 부러워한 적이 있어요
그래서 등이 가려운가 봐요

그가 시소에 앉으면 왼편이 움직여요
오른편의 무게로 수평은 깨지고
나의 두 발이 공중으로 떠올라요
그의 무게가 나를 들어 올려 땅을 박차고 오르면
잠시 날개가 돋아나 구름에 닿을 것 같아요
서로의 무게를 절반쯤 나누며
높이 뛰기 선수 흉내를 내는 거예요
몸뚱이가 허공으로 솟아오르는 순간
덜커덩 소리에 곧바로 하강해야 해요
고소공포증을 느낄 틈도 없어요

더 높이 오르려 힘써도
상승과 하락의 폭은 일정해요
중력을 거스를 수는 없어요
정해진 각도 안에서 서로를 주고 받아요
비운 만큼 높이 올라가는 놀이예요
혼자서는 올라갈 수 없어요
비슷한 마음끼리 눈을 맞추고 하나의 호흡으로
상대를 올려줘야 해요

나는 날개를 달았는데
내 무게를 안고 바닥으로 가라앉는 당신은 누군가요

점자 블록

노란색 점자 블록을 만났다

정작 흰 지팡이는 보이지 않고
사람들이 무심하게 밟고 지나간다

앞이 보이지 않는 누군가를 위해
구석구석 깔린 요철들

발바닥으로는 해독할 수 없는 이질감
캐리어 바퀴를 붙잡는
오목하고 볼록한 안내서가 손목을 타고 오른다

세렝게티의 동물들처럼
한시도 마음 놓을 수 없는 길
곳곳에 눈먼 사람을 넘어뜨릴 덫이 숨어 있다

수많은 변곡점에서
안내견처럼 앞서 걷다가
분기점 앞에서 또 갈라지는 점자 블록

정지점인지 분기점인지
점과 선의 묵언을 마음으로 읽는다

길은 사람을 붙잡고 끝없이 번식한다

걸음마 배우듯 나도
떠듬떠듬 요철의 길을 해독해 본다

막차

버스가 승강장에 들어서자
마지막 자정이 서둘러 오른다

발 디딜 틈 없는 늦은 밤
여기까지 끌고 온 고단한 하루가
커브를 틀 때 마다 이리저리 흔들린다
한쪽으로 쏠리기도 하고
발등을 밟힌 비명이 쏟아지기도 한다

종점으로 향할수록
속도는 점점 빨라지고
간격은 조금씩 헐거워진다

승강장을 지날 때 마다 하나둘 하차하고
마음은 비고 등마저 꺼진다

막차는 잠든 도시의 갈등을 밟고 달린다

흔들리는 손잡이에 매달린 졸음이
몇 개는 떠나고 빈 손잡이만 흔들리고 있다

시간을 역류하다

거울 앞에 앉아
우울한 기분을 까맣게 덧칠해요
까망은 나를 감추기 좋은 색이죠

또렷했던 날들이 점점 흐릿해져요
퇴색해 버린 시간을 오징어 먹물로 염색하면
강릉 경포해변의 성난 파도처럼 심장이 철썩일까요
통학 열차에서 마주치던 단발머리 소녀는 나를
알아볼 수 있을까요

잊을 만하면 아집처럼 고개를 내미는 흰빛들
숨겨둔 나이를 자꾸만 들추고 있어요

액자 속에서 헤비메탈의 가수가
긴 머리를 흔들고 있어요
젊은 날 장발의 내 모습을 보는 것 같아요

난로 연탄불이 타오르고
불에 달군 고데기가 내 머리에 닿으면
지지직 머리칼이 타는 냄새가 나요
잃어버린 시간의 꼬리가 말리고 있어요

십 년 전으로 감쪽같이 돌아가려고
옛날 이발소 거울과 마주 보며 앉아 있어요
파릇파릇 재생되어 가는 나는
지금 역류 중입니다

섬에서 산다

며칠째 흐린 날
사람들은 저마다 우울을 꺼낸다
가슴 깊이 묵혀두었던
슬픔의 부속물들이 빗방울 숫자만큼 찾아든다

그럴 때마다 아름다운 사랑이야기가 있는
전설속의 섬에 가고 싶은 사람들은
사평역이나 무진처럼
지도에도 없는 마음의 섬을 찾아 헤맨다

비는 내내 내려
떠난 몸도 빗속의 섬이요
떠나지 못한 마음도 빗속에서
홀로 섬인데

천 길 멀어져도
곁에 있어도
사방이 외딴섬이다

파도에 쓸려 자그락자그락
뒹구는 몽돌처럼
우리 모두 섬처럼 살고 있다

건조주의보

도시는 날마다 회색 죽순을 피워
무채색 콘크리트 숲을 만든다

숲은 잎도 열매도 맺지 않는 불임의 제국
건조한 열기만 내뿜고 있다
일조권을 빼앗긴 골목길
그늘은 번식하고
햇살은 흔들리지 않는 숲에서 소멸한다

뉴스는
무채색 숲에서 깔리거나 떨어지거나
틈에 끼어 죽거나
어둠을 나열하고 각자의 불행을 확인한다

마음을 숨기고
중의적 표정으로 살아가는 날숨의 비린내들
계속되는 산불 경계주의보
내일 비 올 확률은 0.7%라는 TV 목소리

사막의 하늘이 도시로 날아온다
피톤치드가 사라진 거리
이소하지 못한 새들이 웅크리고 있다

종기

부풀어 오른 몸의 말이다

더 이상 담아둘 수 없는
속에서 끓어오르는 아우성, 다가가면
통증으로 반응한다

대수롭지 않은 말이라고
애써 무시했던 시간
내게 보낸 수화는 꽃처럼 붉게 피었다

동백이 툭 목을 떨구듯
이 절정은 언제쯤 낙화가 시작되었을까

도드라지는 말의 뿌리를 찾아 병원에 간다
의사는 잘 안다는 듯
심드렁하게 말들을 감싼다

작은 위로에도 터져 나오는 짓무른 말
소독약에도 포말처럼 거세게 반응한다

몸에 얼마나 하소연했는지
아직 딱딱하게 만져지는 앙금의 말이 남아 있다

하늘만 올려다 보다 상처를 키운 사람
다 토하지 못한 말들이 등을 밀어 올린다

황사가 불어오는 날

창밖 풍경들이 흐릿하다
건물과 건물의 경계마저 지워진다
사막의 각질이 이곳까지 날아와 하늘을 점령하고
거리에는
입과 코를 가린 침묵이 지나간다

뉴스에는 연일
황사주의보 미세먼지주의보 건조주의보 산불주의보
사람들 머리 위로 주의보가 쏟아진다

목소리로 사람을 낚는 보이스피싱
눈과 귀를 가리는 가짜 문자와 뉴스

우리를 보호하려는
위험주의보들이 끝없이 밀려온다

황사가 날아오는 날
마스크 한 장에 숨을 밀어 넣고
비상경보가 울리는 도시로 사람들은 밥을 벌러 나간다

우울한 봄날에도 꽃은 피고 있다

짝사랑하다

나는 그녀의 거주지를 모른다
단 한 번도 거처를 알려주지 않았다
옷자락만 살짝 비치거나
머리끝만 내밀다가 사라지는 그녀는
번번이 나를 비껴간다

깊은 밤
쓰디쓴 커피 한 잔과 백지 한 장을 앞에 놓고
그녀를 기다린다
달이 기울 듯
기다림도 기우는데
백지에 발자국 하나 찍히지 않았다

점점 무거워지는 눈꺼풀
뒤늦게 새벽을 깔고 눕는데,

나를 향해 걸어오는 발소리
잠에 짓눌려 문을 열어주지 못했다

아침에 일어나보니 그녀는
흔적도 없이 사라지고 없었다

서랍

삐걱거리는 문을 열자
먼지가 깨어나고 어둠 속에서 잠자던 과거의
이름들이 기지개를 켠다
이곳은 계절이 없는 곳

얼마의 시간이 지난 것일까
사라진 입들
침묵은 두꺼워지고
반듯한 귀퉁이가 뭉툭하다

누구를 위해 아직 머물고 있을까
하나하나 시간의 언저리를 어루만진다

줄 없는 손목시계, 낡은 목도장, 흐릿한 수첩의 글씨들

한때의 시절은 흘러가고
새로운 세상과 등을 돌린 이곳

서랍에 쌓인 침묵을 털어내니
과거는 지워지고 현실은 비어있다

아귀가 어긋난 지난날이 정리되고
부드럽게 과거가 밀봉된다

달동네

유난히 달이 밝은 동네
전깃줄이 어지럽게 이어진 골목은
태풍에 휘어지고 꺾이며 살아간다
이곳의 주소는 달동네 하나로 불린다

모서리가 많은 집들
숨이 차오르는 구불구불 휘어진 길과
어둡고 허술한 그림자를 갖고 있다

그 길이 그 길 같은 일상
전깃줄에 만장처럼 나부끼는 낡은 속옷
아기 울음소리는 멎은 지 오래
삶이 앉을 자리는 여전히 비좁고
가난을 푸는 열쇠는 어디에도 없다

새벽이 적막을 깨고
가파른 계단을 내려가면
좌판을 벌인 골목시장이 있고
생계를 담은 검은 비닐봉지가 오간다

전혀 다른 세상에서 살고 있는
골목을 벗어난 집들은
키를 세우고 호시탐탐 달동네를 노린다

낡은 집들은 이곳을 떠날 수 없다고
좁은 길을 붙잡고 버티고 있다

탄도항의 오후

탄도항과 누에섬 사이
날갯짓을 멈춘 풍차 뒤로
가마의 주물처럼 끓어오르던 해가
치직치직 물에 잠기고 있다

이카로스의 날개를 달고
해를 쫓아
마침내 생의 서해에 다다른 사람들
지는 해를 아쉬움으로 붙들고 있다

제 몫을 다하고
붉게 저무는 바다
먹빛으로 하루치 일기장을 넘기는데

채 식지 않은 세상의 그림자들
동쪽으로 길게 손을 뻗는다

문어

대야를 끌어당깁니다
슬쩍 타고 넘기에 좋습니다

나는 먹히기 좋은 연체입니다
갑에 대들지 않는 을처럼 보이지만
지나가는 사람 목덜미에 빨판을 들이댈 수도 있습니다
사랑하기에, 약점 잡기에 좋은 곳이니까요

수족관 속에서 내뿜는 뼈 없는 소리
절단과 단절의 육신을 보는 부릅뜬 눈들
초고추장에 미끄러지고 기름에 미끄러져도
먹고야 마는 발자국 발자국들

"죽어서도 꿈틀거리는 게 진짜 살아 있는 거야"
횟집 주인이 한마디 합니다

손마다 검은 비닐봉지들이 꿈틀거립니다
대야 사이로 머리를 숨기는 낙지가
보호색을 띠며 죽은 듯 바닥에 붙습니다

흥정하는 여자, 팔짱 낀 남자 뒤로 뜰채가 노려봅니다

기회는 이때
살기 위해 대야를 타고 넘습니다
도마뱀처럼 다리 하나 끊고 달아나고 싶습니다

건축학개론

까치는 단숨에 집을 짓지 않는다
짓는 동안 바람에 무너진 바닥을 다지고
텃세를 이겨낸 다음에야
흔들리지 않는 한 채의 집이 완성된다

부러진 나뭇가지가 하나일 때는 가시가 되지만
모이면 날카로움도 순해져 포근한 둥지가 된다
허술한 곳은 제 깃털을 뽑아 몸으로 엮는다

못 하나 박지 않고
얼기설기 엮어도 허물어지지 않는 새들의 건축학

지붕이 없는 집은
하늘이 들어와도 아무도 밀어내지 않는다

다 자란 새끼들이 둥지를 떠나면
어미 까치도 미련 없이 둥지를 버린다

제2부
갈대 습지

한탄강은 흐른다

큰 여울(漢灘)이 얼어 있다

옛 도감포 나루에는 싸락눈이 내리고
미처 떠날 채비를 놓친 돌단풍 몇 잎
얼음 속에 갇힌 낡은 고깃배에 몸을 싣고 있다

분단의 장대한 서사를 안고
7억 5천만 년 전의 현무암 협곡을 돌고 돌아
세차게 흐르던 물소리가 추위에 갇혔다

목련이 필 때쯤 나타난다는 두우쟁이와
수십 리 물길을 거슬러
군사분계선 너머까지 오르내린다는
버들치 동자개 대농갱이는
얼음장 밑에서 겨울을 나고 있을 것이다

넓은 평야를 적시며 흐르는 강물과
뱃놀이를 즐기며 아름다움을 노래했던
'임진적벽'과 '장단석벽'은 그대로인데

출렁이던 수면은 단단히 결을 이루고
마음 닫은 강 위로 바람이 쓸고 간 자리마다
수없이 흔들린 상처가 주름져 있다

강둑에 앉아 북녘으로 날고 있는
두루미를 바라보며 토해내는 노인의 긴 한숨소리는
앞서거니 뒤서거니
얼음장 밑 여울 강 따라 가고 있을까

햇살에 반짝이는 강물이 몸을 뒤트는 소리

쩡
쩡

봄을 부르고 있다

지게부대

가파른 계단 지하
연천 백학역사박물관에서
6·25전쟁의 숨은 영웅인 지게부대와
군마 레클리스를 만난다
전투기가 날고 포탄이 터져 마을이 불타고
지게 짐을 진 사람들과 말이 산비탈을 오르고 있다

1950년 대통령 긴급명령에
17세 이상 남자들이 차출되어 결성된 지게부대,
낙동강 전선 다부동 전투와 산악지형이 많은 전선
전 후방 고지전에 지게가 전쟁 물자를 지고 올랐다

백학면 네바다 전투
미 해병대와 중공군의 치열한 공방전
포탄과 총알이 쏟아지는 생사의 갈림길에서
탄약과 식량을 나르고 칡넝쿨로 만든 들것에
부상자와 전사자를 후송한 지게부대와
경주마 '아침 해'가 무반동총으로
힘을 보태 승리를 이끌었다

전쟁이 끝나고 미국으로 건너간 경주마 '아침 해'는
'레클리스' 라는 이름으로
미 해병 하사로 진급하여 훈장을 받고
100대 영웅으로 칭송받으며 살았는데

전쟁터에 차출된 지게부대와 노무자 20여만 명은
군번과 계급이 없다는 이유로
대부분 공적을 인정받지 못하고 차츰 잊혀져 가고 있다

호국 영령으로 호명되지 못하고
어느 산비탈에 묻혀 있을 전쟁영웅인 지게부대원들
역사를 바꾼 그들의 이름을 가슴에 새긴다

신망리 사람들

경원선 열차의 최북단
인적이 끊긴 간이역
기적소리도 사라져 버린 녹슨 기찻길 옆
과거의 기억을 끌고 은행나무가 줄지어 하늘로 오른다

시간이 멈춘 듯
영화 속 한 장면 같은 철도 건널목을
지팡이 앞세운 노인이 건너가고 있다

한국전쟁 이후 폐허가 된 땅
미군 제7사단 군인과 실향민들이 함께
피난민 정착촌을 만들었다
희망이 되어준 신망리(新望里)
'New Hope Town'

"들녘의 쑥대를 베어 흙벽을 쌓고 인근 마을을 돌며
불탄 집 구들장을 캐고 돌을 날라 집을 지었어
나뭇가지를 엮어 지붕을 만들고 그 위에 미군 천막을
씌운 9자 12자 크기의 구호주택 100호를 지었어
그때는 1호 집 아저씨, 5호 집 아줌마로 불리며
야전삽으로 탄피와 고철을 캐고 철조망을 잘라
억척스레 생계를 이었지 고철을 캐다 포탄이 터져 죽곤

했지만 고향을 갈 수 있다는 꿈을 안고 탄약상자로
지붕을 엮어 신망리역을 만들었어"

철물점 정씨의 긴 이야기 속 마을은
하나 둘 빈집이 늘어나고
허공을 응시하는 어르신 눈빛이 흔들리고 있다

실향민의 꿈이 박제된 녹슨 기찻길
멈춰버린 분단의 기억들이
신망리역 지붕 위를 머물다 어둠으로 흩어진다

한탄강 어부

물비늘이 보석처럼 반짝이는 강에서
그물을 걷어 올리는 어부가 보이고
저만치 언덕 위 걱정스런 표정이 앉아 있다

강계에 돌아갈 날만을 기다리며
고향 가까운 강가에 식당을 내고
70여 년 어부로 살아가는 노인

급류에 휩쓸려 배가 파손되고
얼어붙은 강에 도끼질하다 물에 빠져 허우적대던
녹록지 않은 물고기잡이
가끔 그물에서 물고기보다 비싼
포탄과 탄피들이 올라오고
어제비 장사가 잘되어 함박 웃는 날도 있었다

가깝고도 먼 거리
언젠가는 돌아갈 희망으로 버텨 온 기한이
뉘엿뉘엿 저물고 있다

고기 잡는 법은 알아도
고향 향한 마음을 다잡는 법을 모르는 노인
저물녘이면 강둑에 앉아
강물을 거슬러 저 멀리 기억의 소실점을 더듬으며
연어처럼 강을 오르고 있다

그네

가끔
두고 온 황성산 억새가 그리울 때는
하늘 높이 솟구쳐 오르는 꿈을 꾸어요
디딜 수 없는 허공으로 내달려요

종일 공중을 오가도 흔적조차 남지 않아요
보고 싶다는 간절함이 없으면
난 그저 매달린 물체에 지나지 않아요

바람에 떠밀려 저물어 가는 생
날개가 없는 나는
평생을 두 줄에 묶여 고향길을 오가요

발이 닿지 않는 허공에서
간절함의 깊이는 오른 만큼 깊어지고
정해진 반경에서 끝없이 흔들리고 있어요

가끔은 아래를 내려다봐요
발아래 나뭇잎들이 살랑살랑 손을 흔들면
겨드랑이에서 날개가 돋는 듯해요

그럴 때면
떨어져 나간 꿈의 깃털이 고향에 닿았는지 궁금해져요

그넷줄을 흔드는 바람의 손을 잡고
산 너머 하늘로 훨훨 날아가고 싶어요

왕십리

왕십리에 비가 내린다

가도 가도 왕십리(往十里) 비가 온다는
김소월 시비가 역 광장 한쪽에서 젖고 있다

서울 도성에서 십 리쯤 떨어진
장화 없이는 못 살았다는 왕십리
또 질척질척 젖는다

십 리 중의 십 리
십 리 밖의 이상과 십 리 안의 현실
가닿지 못한 기억 속 십 리
다가가도 딱 그만큼만 멀어지던 왕십리

고층 아파트와 골목 사이
오래 된 공장들이 있고 그 옆 곱창집에서
젖은 마음들이 하루치 고단함을 비운다

미나리 농사지을 때나 지금이나
사는 것은 팍팍하고 속 쓰림은 여전한데
내일은 어떤 얼굴로 다가올까

환승을 꿈꾸는 사람들
환상을 빠져나와도
가도 가도 왕십리뿐이다

갈대 습지

갈대가 습지의 등에 침을 놓는다
노랑 간호복을 입은 창포가 옆에서 거든다
저 뿌리 깊은 침, 바람이 흔들어도 끄떡없다

어릴 적 옆집 한약방 아저씨
큰 못을 숫돌에 갈아 대침을 만들었다
업혀 온 사람들은 비명 한 번에
제 발로 걸어 나가니
마을에서는 맥을 잘 짚는 명의라고 했다

먹빛 얼굴로 고통스럽던 시화호
갈대 침을 맞고 푸르게 살아났다
원앙새 황조롱이 해오라기 장다리물떼새가
둥지를 틀고
너구리 수달이 달빛에 기웃거린다

흔들려도 맥점을 놓치지 않는 갈대
용한 의원이 있다는 소문 듣고
물고기며 새 떼가
제 상처를 씻으려고 찾아들고 있다

바람에 흔들리는 방법을 터득한 갈대가
오염된 자연을 회복시키고 있다

오늘도 안산갈대습지는
침을 맞으려 찾아온 손님들로 만원이다

엄마와 감태

갯벌의 속살이 드러나면
갈매기와 게들도 일하러 나온다

어릴 적 엄마 몸빼바지 붙잡고 따라간 마동 바닷가
갯벌에서 엄마는 시퍼런 감태를 뜯고
운 좋은 날은 낙지와 짱뚱어도 잡았다

게를 잡으러 살금살금 다가가면 뿔뿔이
뻘 구멍으로 숨어 버리고 고무신에 넣어둔 게들마저
줄지어 도망간다

게들을 쫓던 뻘 범벅이 된 발이 시려온다

엄마 춥다 집에 가자
조금만 기다려라 그 조금만은
바닷물이 발목에 잠길 때까지 이어졌다

더 조르면 일로 오일장에 데려가지 않을까 봐
짜장면을 못 먹을까 봐
차가운 갯바람 피해
바위틈에서 눈물짓다 잠들던 일곱 살
해가 저물면 바다는 그만 집으로 가라고 등을 떠밀었다

그 많던 발자국은 어디로 갔을까
엄마 없는 바다
무심한 물결이 출렁이고 갈매기들 울음이 떠다닌다

긴긴밤 허기를 달래주는 주전부리가 되고
아부지 술안주도 되었던 감태가
꾸덕꾸덕 마르던 싸리나무 울타리도 보이지 않는다

눈물은 빗물에 비례한다

장대비가 쏟아졌다
사람들은 기우제를 지낼 필요가 없다고 했다

빗줄기는 처음에는 가느다란 줄기였는데 동네 사람들의
소원을 알아들었다는 듯 대못처럼 땅을 파고들었다

개울물이 둑을 넘어 무논을 덮쳤다
눈물과 빗물이 비슷해졌다

추수를 앞둔 벼들은 떠밀려 온 흙에 묻혔고 등굣길
논두렁은 물에 잠겼다 삽을 든 동네 사람들의 애끊는
소리가 신작로를 가득 메웠다

봄에 중학교 간다는 작은 형은 물바다가 된 길과 새로
산 가방을 번갈아 보았다 하룻밤 사이에 희망이 절망이
되었다

물에 뜨는 것들은 모두 떠내려갔고 잠긴 것들은
굴러서 사라졌다 떠난 것들은 어디쯤에서 새로워질까

비 갠 하늘은 철없이 맑은데 엄마의 눈에는 눈물이
그렁그렁했다 엄마 눈에 빗물보다 눈물이 많은 하루였다

철쭉동산

수리산에 사월이 오면
산등성이에 연분홍빛 물결이 일렁인다

어디에 숨었던 기운일까
봄의 숨결이 나뭇가지에 걸리면
수리산 어깨가 들썩거리고 정수리가 환하다

빈자리 하나하나 채워 나가는 봄볕이
꽃으로 시를 쓰고
사람이 꽃을 받아 읽는 소리

첫 문장부터 가슴이 설렌다

군포 철쭉동산에 와서
봄 한 권을 필사한다

마음의 행간마저 붉게 물들어
해종일 가슴이 두근거린다

반월(半月) 호수*

흐린 물도 품에 안기면
속까지 푸르러지는 호수
수리산에서 한마음으로 졸졸 떠난 개울물들이
청옥 빛 일가를 이루고 있다

빨간 풍차가 보이는 억새 군락지
동네 조무래기들처럼 철새들은
수생 식물 사이를 헤집으며 몰려다닌다

해거름
낙조에 취해 수면 위로 물고기들 튀어 오르고
퇴미산을 데리고 물속 마을로 마실 나온 반달은
별빛 잔치를 벌인다

새벽녘 고속철 소리에
화들짝 물안개 속으로 숨어드는 청둥오리 떼

어릴 적 할머니 손을 놓고
고향을 떠났던 막냇삼촌처럼 역마살이 있는 것일까

반달이 보름달 되듯
마음마저 물이 차오르면 울먹울먹
물도 둑방 너머 서해를 향해 떠난다

* 군포시 둔대동 소재

군포역전시장

1호선 전철이 쉬어가는
군포역 가까이 항일독립만세운동의 함성이 깃든
오래된 장터가 있다

어둠을 밀치고
새벽이 오면 시장은 서둘러 잠에서 깬다

전철의 발소리가 힘차게 스쳐가고
옹기종기 좌판이 펼쳐진 골목
이곳으로 모여든 아침이 싱싱하게 늘어선다

대파 한 다발 들고
흥정하는 할머니 우리 어머니를 닮았다
간고등어와 두부 콩나물
후한 인심을 담은 검은 봉지에서 경쾌한 음표들이
한 음씩 높아진다

노포들 사이사이 슬며시 자리 잡은 붉은 간판들
연변 새댁, 호찌민 새댁의 당찬 꿈들이 부침개처럼
노릇노릇 익어가고 있다

해가 저물면 장이 닫히고
순댓국집으로 모여드는 사람들
오늘 하루도 잘 살았다고
주고받는 막걸리잔에 웃음이 넘친다

수리산

숲속으로 간다

잎새들 어서 오라 손짓하고
곤줄박이 노랫소리
안양천을 향하는 병목안 계곡 물소리
힘차다

관모봉 아래 풍경이
한 폭의 수채화처럼 펼쳐져 있다

바닥만 보느라
움트지 못했던 마음이
푸릇해진다

        * 23' 안양 버스정류장 문학 글판 시 공모전 입상작

보자기

수리산역 귀퉁이에 쭈그려 앉은 노인
들고 온 보따리를 풀고 있다

꼬부라진 오이, 주먹만 한 애호박, 초록 옷을 껴입은 옥수수가
노인을 따라 나왔다

어쩌면 막내아들의 책보이기도 했을 낡은 보자기가
노인에게 업혀 와 자리를 잡는다

네 귀를 펼치면 보자기
담으면 보따리인데
왜 귀한 것을 담고 싶지 않았을까

등 굽은 시간과 얼룩진 땀이 담긴 낡은 보자기

흙이 묻은 몇 푼어치 물건과 여기저기 흩어진 마음들
똘똘 뭉쳐 보듬었다

하찮은 것 하나도 흘리지 않으려고
네 귀를 꽁꽁 묶었다

아홉 마디를 견뎌야 제 이름을 갖는다

집 뒤편 수리산 비탈길에는
가을 내내 들국화 축제가 벌어지곤 하지
바람 따라온 쑥부쟁이, 감국, 벌개미취, 산국, 구절초는
향기를 어디에 숨겼다가 가을을 일시에 꺼내놓은 걸까
색색의 향내가 방 문턱을 넘어오면
그 애도 따라온 것 같아 두리번거려져

이맘때쯤 통학 열차 타러 임성리역으로 가는
용숲재 고갯길은 학생들이 뒤엉켜 시끌시끌했어
길섶에 무리 지어 피어있는 구절초를 머리에 꽂은
여학생들을 바라보며 남학생들은
미친 여자 닮았다고 웃었어
이웃집 형이 구절초 한 다발 꺾어 아랫마을 누나에게
건네주면
소문은 금세 온 동네에 퍼졌어

나도 구절초 닮은 그 애에게 구절초를 건네주고
싶었지만
꽃은 매번 내 손에서 시들고 말았어
어쩌다 빵집에서 만나도 말 한마디 못 했어

임성리역에서 완행열차를 타고 멀리 떠나온 후
구절초 여러 번 피고 진 다음
그 애 소식을 물었지만, 모르겠다는 마른 대답만
돌아왔어

구절초는 때가 되면 다시 피어 흔들리는데
그 애는 바람에 실려 어디로 간 것일까

가을은 이룬 자들이 바람 따라 떠나는 시간
아홉 마디를 가져야 구절초는 꽃을 피운다는데 나는
몇 마디쯤에서 머물고 있는 걸까

아홉 마디가 되면 상상은 완성되고
아홉 위의 세상을 볼 수 있을까 구절초를 닮은
그 애는 만날 수 있을까

아홉 마디를 넘어 꽃을 피우고 싶어서 나는
아직도 고도를 기다려*

*'고도를 기다리며'는 인간의 삶을 단순한 기다림으로 정의하고, 그 끝없는 기다림 속에 나타난 인간존재의 부조리 성을 보여주는 '사무엘 베케트'의 소설이다. '고도'가 무엇인지는 독자의 몫으로 남겨 두었다.

소래포구

포구는 꿈틀거리며 일어선다
맨살 드러낸 개펄에 갈매기들의 분주한 일과가 있다

갈매기는 아침 바다를 물고 와 흥정을 붙인다
새우젓 사라는 비린내 묻은 목소리들
암호를 쏟아내는 경매장
어시장 난장 바닥에 누운 물텀벙이
살아있는 바다는 도망가려 발버둥이다

꽃게를 파는 등 굽은 할매
노련한 입담이 저울에 오르고
토막난 생의 무게에 눈금이 휘청거린다

먼 바다로 떠나는 배 위에
외국인 노동자의 표정은 근심인지 미소인지
포구는 말해주지 않는다

양손에 검은 봉지 가득 든 발걸음들
회 한 접시에 소주 한 병이면 하루가 즐거운
주름진 얼굴들로 소래는 분주하다

협궤열차에 실려 오던 아침 바다는
어느덧 안부조차 말라버렸다

직지, 돌아오다

직지가 돌아오고 있다
청주 공항까지 마중 나간 시민들
덩실덩실 더덩실 어깨춤을 추고 있다

120여 년 전 반출경로가 불분명한 세계기록유산 직지
선조들의 자랑스러운 문화유산을 우리 땅에서 보존해야 한다는
끈질긴 반환 운동이 열매를 맺었다

'참선을 통하여 사람의 마음을 바르게 볼 때
그 마음의 본성이 곧 부처의 마음임을 깨닫게 된다.'는
불가의 진리
'백운화상초록불조직지심체요절(白雲和尙抄錄佛祖直指心體要節)'

백운화상이 전하고 싶었던
선과 악이나 삶과 죽음이 서로 다르지 않다는
선악불이(善惡不二) 사상과 세계에서 가장 먼저
금속활자 인쇄를
창안하여 발전시킨 문화 민족임을 널리 알리고
돌아왔다

시내 도로와 건물에는 태극기가 게양되고
거리로 나온 시민들의 손에는 저마다 태극기가
들려있다

청주고인쇄박물관에서는 돌아온 주인장 맞이 준비에
바쁘다
흥덕사지에서는 귀환을 알리는 환영식이 생중계되고
축하공연이 화려하게 펼쳐지고 있다

사물놀이패 꽹과리 소리에 놀라 눈을 떴다
생시인 듯 눈앞에는
풍물놀이가 신명나게 펼쳐지고 있다

가슴이 뛴다

벌랏한지마을

대청댐을 끼고 굽이굽이
언덕을 넘어서면 눈앞에 펼쳐지는 오지마을
왜구를 피해 금강 뱃길을 거슬러 온 사람들이
화전을 일궈 정착한 벌랏마을이 있다

샘봉산 기슭에서 키운 닥나무를
껍질이 무르도록 가마솥에 삶은 다음
벗기고 말리고 두드리고 다시 삶으며 한지가 태어났다
벌랏나루를 통해 대전까지 팔려 간 한지는
사람들의 밥이 되어 주었다

금속활자 발상지인 청주의 인쇄업 발달에
한지는 큰 몫을 했다
문에 바르면 창호지
족보. 불경. 고서의 영인(影印)에 쓰이면 복사지
사군자나 화조(花鳥)를 치면 화선지
연화장 청첩장으로 쓰이면 태지(苔紙)라고 불렸다

1980년 대청댐 건설로 마을 전답이 수몰되고
벌랏 나루터를 통한 금강 뱃길이 막혀
사람들 왕래마저 끊기자 많은 주민이 고향을 떠났다

한때는 농촌전통테마마을로 지정되어
한지 체험객들이 붐볐으나
코로나 영향으로 방문이 끊긴 다음
시간이 멈춘 듯한 한지 마을에는
지붕이 내려앉은 집들이 보이고
체험장인 '벌랏한지마당,의 출입은 거미줄이 막고 있다

돌아오는 길
환청인 양 한지마당에서 웃고 떠드는 아이들의
웃음소리가 귓전을 맴돌고 있다

제3부
핑계의 진화

따뜻한 마음

혼자 밥을 먹다가
객지 나간 아이들 생각난다
제때 밥이나 먹고 다니는지
다 큰 자식들이 아직도 걱정된다
'아빠 밥 많이 먹고 건강해야 해요'

어릴 적 딸 목소리가 들리는 것 같아
수저를 다시 든다

혼자지만 홀로 가 아니라고
한 술 더 따뜻한 마음을 채운다

*2022년 서울 지하철 시 공모전 입상작
'서울 지하철 50주년 기념 온라인 시집'에 영구 게시

달팽이

맹인이 길을 가고 있다

흰 지팡이로 바닥을 두들기듯
등짐을 지고
더듬거리며 간다

길목마다 지뢰밭이다
소리들이 폭발하고 바닥은 높낮이를 알 수 없다
올려다보면 새들이,
풀숲에선 두꺼비들이 눈망울을 껌벅이고 있다

스치는 바람에도 신경이 곤두서고
달빛의 굴절에도 움찔움찔 놀란다

하지만 고래가 음파를 통해 수만 리를 가듯
소리와 요철의 중심은 잃지 않는다

세상은 양서류와 포유류의 사냥터
기댈 곳 없는 세상
바닥의 굴곡과 한 몸이 되어야 한다

한 몸 부부로 태어나 걸어온 길은
공포와 슬픔의 기록
헤쳐온 길목마다 표시한 눈물로 가득하다

첫눈의 지문

첫눈이 11월의 발등에 지문을 찍는다

가벼운 깃털들
제 몸의 크기만큼 하늘 영역을 표시한다

지나가는 사람들의 들뜬 어깨에도
몇 번의 손도장을 찍는다

첫눈이 내민 백지에
고요하던 거리가 술렁거린다
누군가는 하늘을 전송하고
누군가는 케이크를 들고 서둘러 귀가한다

어디선가 캐롤송이 들려오고
학창시절 코스모스 핀 철로와
둥근 창문이 예쁜 삼거리 빵집에서의
희미해진 약속이 나를 향해 달려온다

먼 기억들은 모두 첫눈으로 날아와 앉는다

순간, 따스해지는 마음을 깨우려는 듯
지난 인연은 지워야 하는 거라고
차갑게 얼굴을 쓰다듬으며 눈이 녹는다
마음보다 먼저 지워지는 약속들

첫눈의 결정에는
지워도 지워지지 않는
그리움의 지문이 입력되어 있다

4시

4시는 이상해요

시작하기에는 늦은 듯한데
포기하기에는 아쉬운 시간
4분이 라면의 맛을 결정하듯
생각할 틈도 없이 생각을 생각해야 해요

벌건 대낮에 문을 닫는 은행
이때쯤 뒷골목 곱창집은 문을 열지요

퇴근과 야근을 준비하는 사람들
누구는 문을 열고 누구는 문을 닫는
마음먹기에 따라 아침과 밤의 경계입니다

가끔 비 예보를 들으며
우산을 두고 온 후회도
여기서부터입니다
고민과 기대의 중간쯤 계륵 같은 시간입니다

저녁노을과 아침노을이 같은 모습이지만
다른 의미를 가지듯
선택의 경계에 선 애매한 4시는
누구에겐 시작이고 누구에겐 마침표를 찍는 시간입니다

지금, 나는

가부좌 틀고 앉아
나는 내가 시인이 맞나 하는 생각을 한다
다들 격조 있은 시를 쓰는데
라면발이 풀죽이 될 때까지 한 행도 쓰지 못했다
마음속 잠든 끼와 열정을 불러내고
바닷가에서 감미로운 해조음을 들으면
사랑이 듬뿍 담긴 감성 시를 쓸 수 있을까
아무렴 그렇지 그렇고말고
자신을 낮출 때 생각은 자유로워지는 것을
차분하게 시인의 유전자가 가득하다고 나를 다독인다
카톡에서 늦었다는 말은 아직 늦지 않았다는 뜻이라 일러 준다
타오르는 열정의 뜨거움이 되살아나
파도처럼 시어들이 밀려온다 파랑 경보음이 울린다
하늘 높이 시향의 꽃씨를 띄워 올린다

반올림을 꿈꾸며

해는 귀퉁이에서 뜨고
밤이 서둘러 오는 곳

눈을 반만 뜨고 몸의 절반은 옹벽에 묻혀 있다
세상도 반만 보고 살아간다

그는 밖과 안의 경계에 있다
반을 채우기 위해
끊임없이 반을 버리고 있다

세상의 반과
꿈을 반으로 접은 채
누운 곳이 천장이고 바닥인 반지하방

박쥐처럼 밤을 맞으며
절반의 무덤을 따뜻한 요람이라 믿는다

소수점 이하에서 반올림을 꿈꾸며

핑계의 진화

하루에 다 읽기로 한 책을
일주일이 지나서도 못 읽었다

결심은 자꾸 핑계에 밀리고
눈에 들어오지 않는 문장들
밑줄 그어야 할 자리가 아직 그대로다
자세를 고쳐 앉는다
지워졌던 글들이 또렷해진다

지식은 견고하고 지혜는 부드럽다는데
화려한 문장에 자꾸만 눈길이 간다
전등 촉을 높이자 단어들이 경계를 풀고
각자의 의미를 잘 드러낸다

사납게 짖는 까치 소리
고물 장수 앰프 소리
옆집 개 짖는 소리에
기둥을 세우고 지붕을 얹던 문장들
잡념과 함께 순식간에 무너진다

연필 쥔 손은 바닥을 향하는데
눈은 멀뚱멀뚱 귀는 창밖 바람 소리에
솔깃하다

책을 읽는 중간중간
전화가 오고 쓰레기 버릴 시간이 오고
은행에 갈 일이 생긴다

책거리하지 못한 이유로
핑계 없는 무덤이 자꾸 늘어난다

난지도 편지

 버림받아 길에 주저앉아 있었지 파란 차가 와서는
싣고 가더라고 써먹을 대로 써먹은 몸이 뭐 쓸 데
있다고 태워 가나 했지

 내려보니 육지 속의 섬 아닌 섬이더라고 어차피
홀로되니 어디든 섬이었지만 혹시 고려장 생각이 나데

 근데 나 혼자도 아니고 속을 주다 못해 겉까지
너덜너덜한 몸도 많더라고 늙은것들이야 본시 질곡의
냄새도 좀 나지만 그것도 향기처럼 느껴지더구먼

 달그락달그락 다들 성한 데 없었지만 모습들은 환했어
빈 깡통이 요란하다는 말 여기서 보니 욱여넣고 내놓지
않은 것들의 생각이더란 말이지

 건들지 않으니 아무 소리 없이 빈부도 없이 겹겹이
서로를 의지하며 지내더구먼 이 섬이 예전엔 난초와
영지가 많았다지 그래서 그런갑다 생각이 들데

 양지바른 곳에 늙은것들이 모였는데 울긋불긋 모두 꽃
같더라고 꽃동산이더라고

첫차를 기다리는 사람들

 공사기일을 넘긴 버스 정류장의 마디 잘린 철골에서
희망이 부식되기 시작했네 첫차의 속도만큼 빠른
바람이 새벽을 나선 이들의 허기진 삶에 눈발을
휘날렸네 맑음이라는 일기예보의 약속에 주술을 걸던
초조한 발걸음들 동이 트도록 빈 정류장에 서 있지만
눈발은 불을 본 하루살이처럼 달려드네 새벽 장에 내다
팔 할머니의 야채 보따리는 걱정으로 수런거리고
날품팔이 노동자의 연장 가방은 무겁기만 하네 가슴에
켜 놓은 등불 하나가 꺼질 듯 흔들리고 있네

냄비받침

막다른 골목 한 쪽
검은 과녁을 가슴에 새긴 채
길에 버려진 냄비받침
나무였던 그의 생은
뿌리에서 잘리던 날 끝이었다

곧았던 몸은 잘리고 맞춰져
누워서 받치는 일로 삶을 바쳐야 했다
열기로 들끓는 몸들이 오르내리고
무수히 흘린 물의 얼룩과
몸을 태우며 새겼던 그들의 낙관으로
또렷했던 나이테는 지워지고
쓰레기 더미에서 썩어가고 있다

수없이 태웠던 시간의 흔적이 남아 있는 몸
그 위로 쓰레기가 다시 부려지고 있다

바늘귀

'애야 바늘귀가 안 보인다'

호롱불 밑에서 이불을 꿰매시던
어머니는 수시로 나를 불러댔다
'그 큰 구멍이 왜 안 보여 잘 보이는데'
'요놈아 너도 내 나이 먹어봐라'
(그 말씀 귓가에 맴도는데 안경 쓴 채
안경 찾는 나를 본다)

다른 건 안 보여도
나만 잘 보인다던
어머니

그곳에서도 바느질하시는지요

과대포장

택배를 받았다
안에는 상자에 비해 아주 작은 상품
괜한 기대감이 깨진다

과대하다는 건 무엇일까
어떤 기준이 적당한 포장이 되는 걸까

서쪽 하늘 노을을 만들며 지는 해
양철 지붕을 큰소리로 두드리며 내리는 비
꽃보다 더 많은 헛꽃으로 치장하는 수국

그런 것들이 과대한 포장일까
그들의 일상을 우리의 기준으로
과대 해석한 것은 아닐까
겉과 속이 같지 않다고 속보다 겉이 크다고
마음마저 부풀린 건 아니겠지

상자를 풀어서 접는다
잠시 헛되었던 욕심이 납작해진다

초침

달리던 그가 멈추었다

36분 3초 지점에서 발견된 죽음
그가 죽자 소리없이 그를 따르던 분침도 시침도
숨을 거두었다

그의 죽음을 몰랐다면
두 시를 향해 달리던
그들의 죽음도 알지 못했을 것이다

그는 평생이 뜀박질이었다
1초도 쉴 틈 없이 앞서 뛰었지만
출구는 보이지 않고 정해진 시간에
정해진 자리로 돌아와야만 했다

소중한 약속을 놓치고 그제서야 눈치챈 사람들

몸은 중력에 묶였어도
마음은 하늘을 가리키며 살았는데
숲을 보지 못한 사람들은
그가 숫자만 세다가 죽었다고 말했다

갈림길

길목마다 수많은 갈림길
그럴 때마다 망설였지요
끝을 알 수 없는
가보지 않은 길은 늘 불안합니다

가야 할 길이 중력이라면
가고 싶은 길은 부력일까요
중심을 위해
지키는 것보다 버려야 할 것이 더 많았습니다

모든 길은 미래로 이어져 있다고 믿었지만
걷다보면
때로는 되돌아오고 있었습니다
그때 뒷걸음질도 배웠습니다

길을 꿈꾸는 이들은 쉽게 멈추지 않습니다
한 번도 가보지 않은 길을 선택합니다
길이라서

오늘도 길을 떠납니다

오래된 풍경

야트막한 언덕배기
햇살이 따스한 시골집 마루에 앉아
마을을 내려다봅니다

한 점 구름이 느리게 지나가고
워낭소리 소 울음 아득한
삽화 같은 마을

굴뚝을 타고 몽글몽글 오르는
저녁연기에 가슴이 뭉클합니다

연기를 따라가면 반쯤 타다만 부지깽이를 들고
콩 쭉정이를 아궁이에 밀어 넣던 등 굽은
할머니를 만나볼 수 있을까요

기억이 그렁그렁 고입니다

가난한 추억마저 지워질까 두려워
오래된 풍경을 가슴에 담습니다

둥근 엔딩

산모의 배가 둥글어지고
배 속에는 잠복한 첫울음이 날카로워지고 있다

두레 밥상에 둘러앉아
둥근 개떡 한 덩이도 좋아했던 시절은 가고
세상은 온통 각진 것들의 천국이다
아침이면 네모난 집에서 나와 네모난 차를 타고
네모난 빌딩으로 들어간다
각진 세상에서 둥근 표정을 짓고
모서리에 부딪히며
서로의 상처를 덧나게 했다

퇴근 시간
모서리를 접고 회전문을 나서면
산티아고 순례길처럼 가도 가도 끝이 보이지 않았다

각을 품지 않은 곡선을 만나면
내 모서리가 눈처럼 녹아내렸다
각은 둥근 것을 찌를 수가 없었다

그리고 생각했다
세상을 이기는 것은 날카로운 모서리가 아닌
부드럽고 둥근 것들이라고

임산부가 배를 쓰다듬으며 활짝 웃고 있다

날자, 새처럼

태양은 새들의 나침반이다

자유롭게 공중을 오가는 새들은
길을 잃지 않는다

하늘에 박힌 별들은
지상에서 바라보는 하늘의 이정표다

저녁 무렵 나무에 깃들다가
다시 모습을 감추는 별들
루펠*은 별을 찾아 높이 올랐을 것이다

날지 않고 땅에서
가축으로 머무는 새는
하늘을 잊어버린 것일까
날개를 달고도 절망을 모르는 그들에겐
철망 속에 알전구의 해가 뜬다

날개가 없어도 하늘을 꿈꾸는
나는 늦깎이다

가슴에 갇힌 한마디 문장이 바람을 일으킨다

날자 날자 날자

               * 높이 나는 새

악수를 악수하다

많은 악수가 다녀갔다

나는 손등을 보여줬을 뿐
상대에게 한 번도 손바닥을 보여준 적 없다

악력의 시험대 같은 악수
잡고는 놓지 않는 결속의 악수
새 부리처럼 내밀어 잡은 듯 만 듯
영혼 없는 악수

그는 사람 좋은 얼굴로
손을 꽉 잡고는 놓지 않았다
압도적인 힘에 눌려
엉거주춤 그렇게 붙들려 있었다

악수는 당하는 쪽에선 악수(惡數)다
손을 풀고 돌아서서
손아귀에 숨겨둔 그의 의도를 깨달았다

손에 무기가 없다는 확인은
한 손을 못 쓰게 만드는 전략이었다

나무새

솟대 위에 앉아 있습니다

그대 곁에 가고 싶어
푸드덕푸드덕 날갯짓합니다

보고 싶어서
눈 감을 수 없습니다

오늘처럼
눈보라 휘몰아쳐도 울지 못합니다

살다 보면 울고 싶을 때 있습니다
울고 싶어도 울지 못할 때 있습니다

소리 내 울 수 없고
날아오를 수도 없어

뜬 눈으로
그대 오실 길목에서 나는
미동도 없이 견딜 것입니다

제4부
어머니의 반죽

달 사냥꾼

오늘 밤 사냥감은 달
꾼 이라면 이 정도 배포는 있어야지
새벽바람을 버티며 거미는
나무와 나무 사이 투망을 던진다
잠잠하던 그물이 출렁이다 팽팽해진다
입질이 왔다
늘였다 당겼다 힘겨루기에
여기저기 구멍이 뚫리지만
사냥의 미학은 기다림
시간과의 싸움이다
고분고분해지다 순간 맹렬해진다
투둑 줄이 끊어진다
헐렁해진 걸 보니 놓쳤다
놀라 달아난 달의 얼굴이 허멀건 해졌다

자화상

거울 속에 낯선 사내가 있습니다

초점 잃은 눈
웃음기 없는 얼굴
꿈길에서 서럽게 울었던
흔적들이 있습니다

세파와 맞서던 어깨도 기울고
이마에는 지나온 날의
구릉들이 촘촘합니다

거울 속 말없이 서 있는 사내에게

잠시
가쁜 숨 내려놓고 쉬어가라
귀띔해 주고 싶습니다

내 아버지처럼 저물어버린
저 사내 불러내어
거친 손
따뜻하게 잡아주고 싶습니다

거울 속에서 웃고 있는
사내를 만나고 싶습니다

국밥집에서

시장통 뒷골목에서 선짓국밥을 기다리네
출세를 위해 줄을 대거나 서본 적 없는 나는
긴 줄 끝에 매달려 있네 누구는 맛집에서 줄을 서고
모델하우스에 줄을 서지만
값싼 국밥 한 끼에 줄을 서 있네

헬프가 필요한 사람들에게 식당은 셀프를 요구하네
이미 셀프에 길들여진 초면의 사람들과
등을 맞대고 어깨를 맞대고
땀과 콧물과 눈치 보지 않는
동질의 감정으로 쓸어 담네

언젠가부터 잡학 다식이 요구되는 세상
입맛보다 값으로 끼니를 때우는 잡식성이 되었네
밖에 끈적끈적 늘어선 잡식성 동물들
주머니 속을 더듬으며 모락모락 창가를 기웃대네

온실 효과

그녀는 점점 가열되고 있다

토해내지 못한 말들이
부글부글 비등점에 다다르고
얼굴이 확확 달아오른다

허물없는 자리에서
잘되라고 권하는
한마디 한마디의 충고는
비난으로 변해 가슴을 짓누른다

생각 없이 던지는 말들이
그녀를 에워싸고
마음의 눈금이 심하게 흔들린다

늘 마시던 뜨겁고 쓴 아메리카 대신
아이스커피를 주문한다

온실 속 화초였던 그녀
목까지 치미는 화기(火氣)에
폭발 직전이다

안개

강을 타고 오른 부드러운 물의 입자들
흩어지며 번식한다
저 커다란 안개의 입
무엇이든 한입에 삼키고 있다

두물머리와 장충단공원과
안산 갈대습지공원이 그 안에 갇혔다
앞서거나 뒤따라오던 풍경도
안개의 일가가 되어 묻혀버렸다

사라진 것들을 어떻게 기억할 수 있을까
보이지 않는다고 사라진 것은 아니다
잠잠하던 소문이 다시 일어서는 것처럼

회색 장막에 가려 읽히지 않을 때
촉각을 세워 고요한 움직임을 듣는다
몸이 읽는 느낌은
보이지 않아도 알 수가 있다

구름은 하늘에서 비를 준비하면
안개는 땅에서 무엇을 마련할까

유배지에 감금된 눈뜬장님들
수몰된 마음들이 전조등 켜고 달려온다
숨은 여백들이 꿈틀댄다

안개는 소리없이 마을을 배회한다

옷의 감정

옷에도 기억이 있다
짧은 민소매를 다릴 때는 파도 소리가 들리고
황톳빛 옷에서는 고향의 흙냄새
꽃무늬 일바지에는 어머니의 땀 냄새가 배어있다

작업복을 매만지면 기름 냄새와 기계음이 묻어나고
야생마 한 마리가 힘차게 달려나온다
보푸라기 많은 옷일수록 잠을 밀어내고
날밤을 보낸 흔적을 지니고 있다

악어의 이빨이 박힌 옷에서는
명품이라도 공포를 느끼지만
새물내가 나는 빨래는 아내의 손길처럼 친근하다

옷장에 간직한 빨간 넥타이에는 아직도 아련한 설렘이 있다
사진 속 드레스를 입은 여인과 살을 맞대고 사는
날실과 씨실처럼 촘촘했던 날들이었다

고단한 얼룩을 지우고
옷 속의 구겨진 이야기들을 반듯하게 다린다

기적소리

추석 전날
지적산 너머 임성리역을 지나는 기적소리 들리면
아버지의 눈길은 그쪽으로 향했다

"아들 기다리슈?"
엄니 말에 딴청을 피우시다가도
종점으로 버스가 들어올 때마다
싸리 울타리에서 뒷짐 지고 내려다보셨다

늦은 시간 버스마저 끊겼다
"바빠서 못 올 모양이요. 그만 잡시다"
엄니 말에 혀를 끌끌 차며 돌아누우셨다

모두 잠든 사이 큰아들이 왔는데도
"너 왔냐"
반갑지도 않은 듯 태연한 척하셨다

바쁘다며 아침 일찍 떠나는 아들 보내 놓고
애꿎은 쌀밥에 물 부어 콕콕 수저 소리 내며
밥을 삼키시던 아부지

큰아들 앞세우고 산소에도 가고
도란도란 얘기도 나누고 싶으셨을 텐데

추석 때마다 기적소리 들리고
쯧쯧 혀 차는 소리가 마음을 헝클어 놓는다

침식 해안선

바닷가 모래밭이 사라지고 있다

간절한 소망들이 울려 퍼지던 정동진의
드넓은 백사장 모래들이 파도에
휩쓸려 가고 있다
모래 절벽이 생기고 땅속 바위들이 솟아 올랐다
낯설다

침식되어 가는 것이 어디 해안선뿐이랴
경제 질서가 외국 자본에,
전통문화가 외래문화에,
골목 상점들이 대기업들에 의해 잠식되고 있다

요즘 들어
기억들마저 하나둘 떠나가고 있다

모래는 죄다 휩쓸려 가버리고
돌멩이만 남은 황폐한 해변처럼

어머니의 반죽

식당에서 칼국수를 주문했다

국수 한 그릇과
맨발로 버무렸을지도 모를 중국산 김치
한 종지가 놓인다

국수 한 젓가락 맛보니
쫄깃쫄깃한 기대는 한입에 무너졌다
반죽이 제대로 안 된 것 같다는 말에
직접 반죽한 손칼국수라고 주인이 말을 비빈다

아무리 치대도 뻔뻔하게 들러붙는
반죽 좋은 얼굴
치부를 숨긴 탱탱과 팅팅 사이에서 변죽만 울린다

어머니의 쫄깃한 반죽을 떠 올린다
사랑과 정성으로 치대고
밀대로 밀어 두레상에 넓게 퍼지던 보름달
그 보름달 한 그릇에 우리는 배가 불렀다

먹다 만 그릇에 퉁퉁 불은 국수가 식어간다

형상기억합금

옛 동네를 찾았다
집이 있던 산 3번지는 새 주소 33길로 바뀌었다

이미 세상은 달라지고
들판에는 규격화된 반듯반듯한 도시가 들어섰다
개울은 도로가 되고
부잣집 기와집은 헐리고 관공서가 자리 잡고 있다

동네의 자잘한 기억들은 포장된 길에 묻혀버렸다

오르막에 오르니 동네에 하나뿐인
어깨가 내려앉은 남악리 점방 간판이 보인다
막걸리 주전자를 들고 있는 내가 보이고
아이스케끼 함께 먹던 친구들과
파리 쫓던 점방 할매가 보인다

곧은 길을 지나 동네 끝에 다다르니
옛 시절은 역사가 되어 책자에 기록되고

유년의 기억은 제자리로 돌아오고 있다

주름학개론

커튼을 연다
가리는 게 본분인데 젖혀서 주름이 생겼다
잠자던 어둠이
잠결이라는 주름을 걷어낸다
여명이 밝아오자
햇살이 먼지의 주름으로 산란하고
앞산은 얕고 깊은 흙의 주름을 드러낸다
나무는 가지의 주름으로 숲을 이룬다

바깥은 커튼을 걷어야 보이고
지평선은 등고선을 넘어야 보인다
수평선은 바다의 주름 그 너머에 있다
나방은 번데기로
나무는 나이테로 성장 자서전을 쓴다

어머니 이마의 주름에는
나를 키운 곡절의 기록이 접혀있다

주름은 세상과 통하는 함축의 문

커튼콜
연극의 완성이다

자가용

나는 달리는 옷이다
잘 빠졌다 소리 듣는 무대복이다

사람들이 나에게 반한 건 맵시와 속도
그 이유로 그는 나를 입는다
입는 순간 마음의 배기량은 높아지고
질주 본능이 최고조에 달한다
그에겐 스피드가 옷의 최고 가치

나를 입은 그는 철갑의 파충류로 변한다
그르렁 그르렁 검은 콧김을 뿜으며
사냥감을 향해 맹목으로 돌진한다
그럴 땐 그와 나는 한 몸이 된다

그가 나를 쓰다듬을 때
그루밍을 받는 고양이처럼 순해진다
사람들이 부러운 눈으로 나를 본다
땀에 푹 젖어 후줄근해졌지만
그들 눈엔 빛나는 질감만 보이지

가치는 받아들이는 이의 몫

나를 벗고도 우쭐한 그가 잘 입었다고
삑삑 나에게 신호를 보낸다

기울다

내가 걸어오고 있다

굴절된 빛을 등지고
긴 그림자를 밟으며 한발 한발 느리게
흙과의 각도를 줄이며 발자국을 떼고 있다
기댈 곳 없는 축 늘어진 어깨
휘어진 등이 오래된 흙집처럼 무너져 내릴 것 같다

해가 기운 운동장에서
뒤축이 기울어진 운동화를 신고 헤매던 때

나침반은 절벽을 가리키고
가파른 등고선이 펼쳐져 있는 허허로운 곳에서
두리번거리곤 했다
낡은 거룻배에 앉아 먼 수평선 바라보며
만선을 꿈꾸던 시절이 있었다

점점 벌어지는 사랑의 각도 때문에
여러 날을 아파했고 삼킬 수도 없는 아린 기억들
한 조각 입에 물고 올려다본 하늘에는
구름 위를 걷고 있는 등이 휜 내가 보인다
어느 결에 어스름 황혼이다

마음의 각도가 줄어든다
조리개를 닫는다

자갈치시장

자갈치 시장에는 세 마리 읍소가 산다
소들은 저마다 습성이 있어
눈웃음으로 살살 달래야 다가오는 오이소와 애타게
불러줘야 넌지시 눈길 주는 보이소 뜸 들이며 딴청
부려 애간장 다 녹이는 사이소가 있다
이 세 마리는 종일 시장바닥을
자갈자갈 달리며 울렸다 웃겼다 진을 뺀다

생선 비린내로 열려서
오이소 보이소 사이소
소 비린내로 저무는 자갈치다

빨래집게

젖은 마음들을 물고 있다

너덜너덜해진 생각들
치대고 헹구어도 표백되지 않은
표정과 몸짓들이 남아있다

얇은 마음들 떠난 자리
악물고 붙잡아도
낡은 바지 홀로 속절없이 흔들리고 있다

대숲을 세차게 흔들던 바람이
휘젓고 지나간 자리
헐거울 수밖에 없는 마음이 바닥에
뒹굴까 흩어질까
아래턱을 더 조인다

젖은 마음이
틈 사이로 숨을 들이 마신다
설음이 증발하는 중이다

길, 고양이

길 가운데 속을 드러낸 채
새끼 고양이 한 마리 죽어있다

떳떳한 보금자리 없던 몸이
부피를 버리고 넓이를 가졌다

골목 이편에서 어미 있는 저편에
닿지 못하고 죽었다

어미의 울음 있는 곳이
본향인 듯
끝없이 돌아가려 했나 보다

나지막이 어미의 울음이
초혼처럼 애끓는다

코뚜레

아버지는 늦가을이 되면
뒷산에서 노간주나무를 베어 오셨다
낫으로 둥글게 다듬어 처마 밑에 걸어 두면
찬바람에 단단해진 나무는 이듬해
또 한 번의 단장을 마친 후 코뚜레가 되었다

코뚜레에 쉽게 길든 소는 고삐가
끄는 대로 살았다 다랑이 자갈밭을 갈고
짐수레를 끌고 거품을 내뿜으며
언덕길을 올랐다

굴레와 멍에를 짊어진 채 워낭소리 한 번
크게 울리지 못하고 가족이라는 코뚜레에 매여
세상이 끄는 대로 묵묵히 살다 가신 아버지

아직도 여물어지지 않은 채
세상에 끌려만 다니는 저는 언제쯤
단단해질까요

기억

먼지 쌓인 책장 속
단풍잎 하나
풋풋했던 시절의 흔적
언제쯤이었을까 붉은 그때
바람은
기억을 흩어버리고
박제된 이야기들
시간의 먼지만 쌓이고 있다

사연은 잊고 사는 걸까
잊히는 걸까

붉었던
기억 하나 흐릿하게 삭아간다
기억조차 기억을 잊고
흙으로 돌아간다

프로필

心山 이 오 동

수필가. 시 낭송가. 모델. 뮤지컬 배우

국가 공무원 퇴임. 녹조근정훈장 수훈
한국문인협회. 인사동시인협회. 한국청람문학회.
단테문인협회. 문인예술교류협회. 세계로시낭송가협회.
사)코리아코큐멀티예술협회. 유리아나컬렉션 회원

수상
      2017년 샘터문학상
      2018년 황금 마패상.
      세계환경문학상(일본문화진흥회)
      詩歌흐르는서울 문학상. 한중문화예술 특별상
      문화예술 국제상(일본문화진흥회)
      세계문화공로 대상(일본문화진흥회)
      2019년 제33회 허균 문학상
      2021년 서미예 전국 시 낭송대회 대상
      2022년 대지문학상. 대지문학상(수필)
      제36회 매월당 문학상. 제32회 황희정승 문학상
      서울 지하철 시 공모전 입상
      2023년 대지문학 대상. 한용운 문학상
      제18회 전국 상록수 백일장 입상
      대지문학 국회의사당 시화전 대상

서울 지하철 시 공모전 입상
한국민속문학종합예술인협회 시화전 최우수상
2024년 제10회 매일 시니어문학상
제2회 직지콘텐츠 공모전 입상
2025년 제3회 서울시민문학상 등

시집
「엄마의 바다」,「먼지의 옷」,「갈대습지」

knp4982@naver.com

대표작 10편 해설

묵호항의 해거름

논골담길 비탈을 오른다

거머리 같은 가난을 피해
바다도 검고 물새도 검은 묵호(墨湖)로 모여든 사람들
하루를 살아가기 위해
명태와 오징어를 담은 고무대야를 이고
촛대 같은 등대 주변 덕장을 오르내렸다

겨울 바다를 건져 올리는 어부와
새벽 어판장에서 생선을 다듬던
아낙네들의 숨결이 비릿하다
명태 떠나고 오징어도 사라진 지 오래인데
바다에서 돌아오지 못한 사람들이 담벼락에 남아있다

문득
사는 일이 이유 없이 북받칠 때
논골담 길을 오르내리던 지게꾼들의 땀방울과
검은 물살에 쓸려간 호명되지 못한 이름들을 생각한다

허름한 골목 담벼락에는
흘러간 시간이 뉘엿뉘엿 저물고
한때 밤바다를 수놓은
오징어잡이 배 집어등만 쓸쓸히 빛나고 있다

묵호항의 해거름
- 민초들의 숨결과 기억의 담벼락

「묵호항의 해거름」은 단순한 어촌 풍경의 기록을 넘어, 삶의 고단함 속에서도 인간 존엄을 잃지 않으려는 민초들의 숨결을 그려낸 작품이라 하겠다. 논골담길을 오르내리는 사람들의 모습은 '거머리 같은 가난'을 피해 생존을 지켜내려는 처절한 투쟁의 은유로 다가오며, 검은 바다와 검은 물새는 묵호에 모여든 이들의 절망과 연대의 상징으로 읽힌다. 등대와 덕장을 오르내리던 풍경은 노동이 곧 삶의 전부였던 시대적 기억을 소환하며, 명태와 오징어라는 생계의 상징은 이제 사라져버린 어촌의 잃어버린 풍요를 환기한다. 담벼락에 남아 있는 '돌아오지 못한 사람들'은 바다의 비정함을 넘어, 이름조차 불리지 못한 이들의 존재를 증언하는 비석 같은 이미지로 자리한다. 시인은 이 장면들을 통해 인간의 삶이 이유 없이 북받치는 순간을 노래하면서, 지게꾼들의 땀방울과 호명되지 못한 이름들을 기억하는 것이 곧 인간적 연대의 시작임을 일깨운다. 해거름의 골목 담벼락에 저무는 시간은 인생의 덧없음을 암시하면서도, 여전히 바다 위에 남아 있는 집어등의 빛으로 희미한 희망을 비춘다.

이처럼 작품은 소멸과 잔존, 기억과 망각이 교차하는 지점을 문학적 메타포로 형상화하며, 역사의 바람에 흩날린 민중의 삶을 품어낸다. 시인의 미의식은 삶을 단순히 비극으로만 규정하지 않고, 그 속에서 꺼지지 않는 빛을 길어 올리는 데 있다.

결국 「묵호항의 해거름」은 바다와 가난, 노동과 희망이 중첩된 인간 존재의 초상을 담아내며, 독자로 삶의 무게와 존엄의 가치를 깊이 성찰하게 한다.

청람

격렬비열도

해무가 걷히자
한 폭의 수묵화가 피어난다

하늘에는 새들이 줄지어 날고
바다에는 파도가 달린다

망망대해 우뚝 솟은 세 개의 봉우리
이곳에서 새들은 방전된 하늘을 충전한다

7000만 년 전 중생대 백악기에
화산 폭발로 태어난 화산섬
암벽에 둘러싸여 사람의 손길을 밀어내고
저 홀로 푸르다

따개비가 주상절리에 다닥다닥 꽃처럼 피어나고
쉴 새 없이 갯바위를 두들기는 포말은
떠나간 옛사람을 부르는 것일까

새벽녘 물 건너 이국땅에서 들려오던 닭 우는 소리도
멎은 지 오래, 노을이 드리운 바다에는
물비늘만 반짝이고 있다

괭이갈매기 울음 파도에 서럽다

격렬비열도
- 자연의 자율성과 인간 존재의 겸허

「격렬비열도」는 인간의 흔적을 배제한 순수 자연의 장엄함을 통해 삶의 본질적 가치와 미학을 드러낸다. 해무가 걷히며 펼쳐지는 풍경을 '한 폭의 수묵화'로 비유한 시인의 시선은 자연을 단순한 배경이 아니라 예술적 형상으로 끌어올린다.
하늘을 나는 새들과 달리는 파도는 생명과 운동의 리듬을 담아내며, 세 봉우리로 솟은 섬은 대자연의 시간 속에서 묵묵히 존재하는 생명의 거점이 된다.
화산 폭발의 흔적으로 태어난 격렬비열도는 사람의 손길을 밀어내며 자족적 생명성을 지켜내는데, 이는 인간 중심적 사고를 넘어 자연 본연의 자율성을 존중하는 시인의 철학을 드러낸다. 따개비를 꽃에, 파도의 포말을 옛사람을 부르는 노래에 빗댄 표현은 기억과 시간의 층위를 자연 속에 투영한 미학적 감각이다. 새벽녘 들려오던 닭 울음이 사라진 자리에 남은 반짝이는 물비늘은 소멸과 지속의 역설을 보여주며, 끝내 갈매기 울음이 파도에 겹쳐 '서럽다'는 정조로 마무리된다.
이는 곧 존재의 외로움과 유한성을 암시하면서도, 자연이 품은 아름다움과 숭고함이 인간 삶을 위로한다는 메시지로 이어진다.
「격렬비열도」는 시간의 심연과 자연의 자립적 생명력을 통해 인간이 되새겨야 할 겸허와 경외의 가치를 일깨우는 작품이라 할 수 있다.

청람

점자 블록

노란색 점자 블록을 만났다

정작 흰 지팡이는 보이지 않고
사람들이 무심하게 밟고 지나간다

앞이 보이지 않는 누군가를 위해
구석구석 깔린 요철들

발바닥으로는 해독할 수 없는 이질감
캐리어 바퀴를 붙잡는
오목하고 볼록한 안내서가 손목을 타고 오른다

세렝게티의 동물들처럼
한시도 마음 놓을 수 없는 길
곳곳에 눈먼 사람을 넘어뜨릴 덫이 숨어 있다

수많은 변곡점에서
안내견처럼 앞서 걷다가
분기점 앞에서 또 갈라지는 점자 블록

정지점인지 분기점인지
점과 선의 묵언을 마음으로 읽는다

길은 사람을 붙잡고 끝없이 번식한다

걸음마 배우듯 나도
떠듬떠듬 요철의 길을 해독해 본다

점자 블록
- 보이지 않는 길을 해독하는 연대의 시학

「점자 블록」은 일상의 사소한 풍경을 넘어, 사회적 약자와 인간 존재의 조건을 성찰하는 작품이다. 시인은 노란 점자 블록을 단순한 보행 보조물이 아니라, '흰 지팡이 없는 풍경' 속에서 무심히 밟히는 인간적 무관심의 상징으로 제시한다. 발바닥으로는 해독되지 않는 요철의 질감은 곧 보이지 않는 자의 언어이며, 캐리어 바퀴가 걸려 불편을 주는 순간조차도 타인의 삶을 이해하는 작은 체험으로 전환된다.

세렝게티를 거니는 동물들처럼 긴장된 보행은 장애인의 삶이 얼마나 위태롭고 경계 위에 놓여 있는지를 드러내며, 사회적 배려의 부족을 은유한다. 분기점과 정지점 앞에서 갈라지는 점자 블록은 선택과 망설임, 그리고 인간의 길 위에 놓인 수많은 갈림길을 상징하며, 이는 곧 삶의 본질적 불확실성을 가리킨다. 점과 선의 '묵언'을 마음으로 읽는 행위는 언어를 넘어서는 공감과 연대의 철학을 드러내며, 시인의 미의식은 시각적 장벽을 초월한 감각적 이해 속에 놓인다.

끝내 화자는 걸음마 배우듯 요철의 길을 따라 해독해보려 하지만, 이는 단순한 모방이 아니라 타인의 고통을 체험하려는 윤리적 태도이다. 「점자 블록」은 눈에 보이지 않는 이들의 길 위에 서려 있는 불안과 고독을 사회적 성찰로 확장하면서, 인간 존재가 서로의 길을 해독해주어야 한다는 가치를 일깨운다.

시인의 철학은 무심한 일상 속에서도 배려와 연대의 감각을 되살리는 데 있으며, 작품은 그 길을 밝히는 문학적 메타포로 빛난다.

청람

시간을 역류하다

거울 앞에 앉아
우울한 기분을 까맣게 덧칠해요
까망은 나를 감추기 좋은 색이죠

또렷했던 날들이 점점 흐릿해져요
퇴색해 버린 시간을 오징어 먹물로 염색하면
강릉 경포해변의 성난 파도처럼 심장이 철썩일까요
통학 열차에서 마주치던 단발머리 소녀는 나를
알아볼 수 있을까요

잊을 만하면 아집처럼 고개를 내미는 흰빛들
숨겨둔 나이를 자꾸만 들추고 있어요

액자 속에서 헤비메탈의 가수가
긴 머리를 흔들고 있어요
젊은 날 장발의 내 모습을 보는 것 같아요

난로 연탄불이 타오르고
불에 달군 고데기가 내 머리에 닿으면
지지직 머리칼이 타는 냄새가 나요
잃어버린 시간의 꼬리가 말리고 있어요

십 년 전으로 감쪽같이 돌아가려고
옛날 이발소 거울과 마주 보며 앉아 있어요
파릇파릇 재생되어 가는 나는
지금 역류 중입니다

시간을 역류하다
- 시간의 상실을 넘어서는 존재의 역류

「시간을 역류하다」는 시간의 흐름 앞에서 인간이 겪는 상실감과 회복의 욕망을, 거울이라는 매개를 통해 서정적이면서도 강렬한 메타포로 형상화한 시라 하겠다. 시인은 거울 앞에 선 자신을 '까만색'으로 감추며 시작하는데, 이는 우울을 은폐하고 동시에 과거로 돌아가고자 하는 내적 충동을 드러낸다.
오징어 먹물로 퇴색한 시간을 염색한다는 비유는 사라져가는 기억을 다시 되살리려는 몸부림이며, 그 기억 속에는 통학 열차에서 스쳐간 단발머리 소녀처럼 회복할 수 없는 청춘의 순간들이 자리한다.
흰빛이 들추는 나이는 불가항력적인 세월의 흔적이자, 인간이 맞닥뜨릴 수밖에 없는 노화의 징표로 제시된다. 액자 속 헤비메탈 가수와 장발의 청춘은 과거의 자아와 현재의 자신을 겹쳐 보여주며, 세월 속에 퇴색한 '나'를 되돌려보려는 욕망을 강화한다.
또한 연탄불과 고데기의 뜨거움, 타는 머리칼의 냄새는 시간의 회환을 감각적으로 환기하며, 잃어버린 시절을 붙잡으려는 몸부림이 얼마나 덧없고 아픈지를 생생히 드러낸다. 그러나 시인은 단순한 회귀에 머물지 않고, '지금 역류 중'이라는 선언 속에 시간의 불가역성에 맞서는 존재적 저항을 담아낸다.
이는 잃어버린 청춘을 단순히 회상하는 데서 그치지 않고, 삶을 되돌아보며 현재를 새롭게 살아내려는 철학적 태도로 이어진다.
결국 「시간을 역류하다」는 시간의 비정함 속에서도 인간은 여전히 과거와 대화하며 자신을 재생해내는 존재임을 보여주는 작품이다.
시인의 미의식은 회환을 부정적 고통이 아닌 삶의 활력을 되살리는 창조적 원천으로 전환하는 데 있으며, 그것이 곧 이 시가 지닌 고유한 문학적 가치라 할 수 있다.

청람

한탄강은 흐른다

큰 여울[漢灘]이 얼어 있다

옛 도감포 나루에는 싸락눈이 내리고
미처 떠날 채비를 놓친 돌단풍 몇 잎
얼음 속에 갇힌 낡은 고깃배에 몸을 싣고 있다

분단의 장대한 서사를 안고
7억 5천만 년 전의 현무암 협곡을 돌고 돌아
세차게 흐르던 물소리가 추위에 갇혔다

목련이 필 때쯤 나타난다는 두우쟁이와
수십 리 물길을 거슬러
군사분계선 너머까지 오르내린다는
버들치 동자개 대농갱이는
얼음장 밑에서 겨울을 나고 있을 것이다

넓은 평야를 적시며 흐르는 강물과
뱃놀이를 즐기며 아름다움을 노래했던
'임진적벽'과 '장단석벽'은 그대로인데

출렁이던 수면은 단단히 결을 이루고
마음 닫은 강 위로 바람이 쓸고 간 자리마다
수없이 흔들린 상처가 주름져 있다

강둑에 앉아 북녘으로 날고 있는
두루미를 바라보며 토해내는 노인의 긴 한숨소리는
앞서거니 뒤서거니
얼음장 밑 여울 강 따라 가고 있을까

햇살에 반짝이는 강물이 몸을 뒤트는 소리

쩡
쩡

봄을 부르고 있다

한탄강은 흐른다
- 분단의 상처를 안고 봄을 부르는 강

「한탄강은 흐른다」는 강물의 서정과 역사, 그리고 인간의 상처를
하나의 흐름 속에 겹쳐낸 작품이라 하겠다. 시인은 7억 5천만 년 전
현무암 협곡에서 비롯된 강을 단순한 자연 풍경이 아니라, 분단의
서사를 짊어진 채 흘러온 역사의 주체로 형상화한다. 얼어붙은
여울과 싸락눈 속에 갇힌 고깃배는 중단된 삶과 단절된 기억의
은유이며, 북으로 향하는 두루미와 노인의 한숨은 민족의 상흔을
환기한다.

강 속의 버들치, 동자개, 대농갱이는 얼음장 밑에서 버티는 민초들의
삶처럼, 고난 속에서도 생명을 이어가는 존재의 끈질김을 상징한다.
임진적벽과 장단석벽이 그대로인데 강물만 얼어붙은 모습은, 역사적
공간은 남아 있으되 삶의 자유와 소통은 막혀 있는 현실을 비유한다.
'수없이 흔들린 상처가 주름져 있다'는 구절은 강물 위에 드리운
인간사의 상흔을 그대로 투사한 표현으로, 자연의 표면이 곧 인간
정신사의 거울임을 드러낸다.

그러나 시는 단절과 고통에 머물지 않는다. 쩡쩡 갈라지는 얼음
소리와 햇살에 반짝이며 몸을 틀어내는 강물은 봄을 예고하는
생명력의 울림으로 제시된다. 이는 역사의 상처와 민족의 분단조차
생명의 근원적 흐름을 막을 수 없음을 암시한다.

결국 「한탄강은 흐른다」는 자연과 역사를 하나의 강물에 실어내며,
고통과 분단을 넘어 다시 봄을 부르는 희망의 철학을 전한다. 시인의
미의식은 자연의 섭리를 통해 인간의 비극을 보듬고, 상처를
치유하는 가능성을 문학적 메타포로 환히 밝혀내는 데 있다.

청람

지게부대

가파른 계단 지하
연천 백학역사박물관에서
6·25전쟁의 숨은 영웅인 지게부대와
군마 레클리스를 만난다
전투기가 날고 포탄이 터져 마을이 불타고
지게 짐을 진 사람들과 말이 산비탈을 오르고 있다

1950년 대통령 긴급명령에
17세 이상 남자들이 차출되어 결성된 지게부대,
낙동강 전선 다부동 전투와 산악지형이 많은 전선
전 후방 고지전에 지게가 전쟁 물자를 지고 올랐다

백학면 네바다 전투
미 해병대와 중공군의 치열한 공방전
포탄과 총알이 쏟아지는 생사의 갈림길에서
탄약과 식량을 나르고 칡넝쿨로 만든 들것에
부상자와 전사자를 후송한 지게부대와
경주마 '아침 해'가 무반동총으로
힘을 보태 승리를 이끌었다

전쟁이 끝나고 미국으로 건너간 경주마 '아침 해'는
'레클리스' 라는 이름으로
미 해병 하사로 진급하여 훈장을 받고
100대 영웅으로 칭송받으며 살았는데

전쟁터에 차출된 지게부대와 노무자 20여만 명은
군번과 계급이 없다는 이유로
대부분 공적을 인정받지 못하고 차츰 잊혀져 가고 있다

호국 영령으로 호명되지 못하고
어느 산비탈에 묻혀 있을 전쟁영웅인 지게부대원들
역사를 바꾼 그들의 이름을 가슴에 새긴다

지게부대
- 이름 없이 짊어진 전쟁의 영웅들

「지게부대」는 전쟁의 거대한 서사 속에서 묻혀버린 이름 없는 민초들의 희생을 불러내어, 기억의 자리에 올려놓는 문학적 위령제라 할 수 있다. 시인은 연천 백학역사박물관에서 만난 '지게부대'와 군마 '레클리스'를 통해, 총칼보다 더 묵직했던 인고와 땀의 전선을 환기한다. 전투기가 날고 포탄이 터지는 참혹한 현장에서도 지게를 진 이들은 탄약과 식량을 나르고, 칡넝쿨 들것으로 전우를 업어 날랐다.

이는 무기를 든 병사 못지않은 전쟁의 숨은 주역이자, 가장 원초적인 인간 노동이 국가를 지탱한 증거임을 일깨운다. 그러나 경주마 '아침해'가 '레클리스'라는 이름으로 미 해병 하사에 진급하고 훈장을 받은 것과 달리, 지게부대원들은 군번조차 없는 이유로 역사에서 잊혀간 존재로 남는다. 이 대비는 전쟁의 서술이 언제나 영웅담 중심으로 기록되어 왔음을 고발하며, 진정한 희생의 주체가 누구인가를 묻는 날카로운 질문으로 이어진다.

시인은 '호국 영령으로 호명되지 못한 이들'이라는 표현을 통해, 국가적 기억의 불완전성과 역사적 망각을 응시한다. 동시에 그들의 이름을 '가슴에 새긴다'는 선언 속에 시인의 삶의 가치철학이 드러난다. 그것은 곧 약자의 희생과 무명의 헌신을 문학으로 복권시켜, 잊혀진 존재에게 인간적 존엄을 돌려주려는 미학적 실천이다. 「지게부대」는 역사와 문학이 만나는 접점에서, 기억의 불평등을 교정하고 인간의 숭고함을 되살려내는 고결한 기록이라 할 수 있다.

청람

갈대 습지

갈대가 습지의 등에 침을 놓는다
노랑 간호복을 입은 창포가 옆에서 거든다
저 뿌리 깊은 침, 바람이 흔들어도 끄떡없다

어릴 적 옆집 한약방 아저씨
큰 못을 숫돌에 갈아 대침을 만들었다
업혀 온 사람들은 비명 한 번에
제 발로 걸어 나가니
마을에서는 맥을 잘 짚는 명의라고 했다

먹빛 얼굴로 고통스럽던 시화호
갈대 침을 맞고 푸르게 살아났다
원앙새 황조롱이 해오라기 장다리물떼새가
둥지를 틀고
너구리 수달이 달빛에 기웃거린다

흔들려도 맥점을 놓치지 않는 갈대
용한 의원이 있다는 소문 듣고
물고기며 새 떼가
제 상처를 씻으려고 찾아들고 있다

바람에 흔들리는 방법을 터득한 갈대가
오염된 자연을 회복시키고 있다

오늘도 안산갈대습지는
침을 맞으려 찾아온 손님들로 만원이다

갈대 습지
- 자연을 치유하는 갈대의 침술

「갈대 습지」는 자연을 단순한 경관이 아니라 치유와 회복의 공간으로 형상화한 작품이다. 시인은 갈대를 '습지의 등에 놓는 침'으로 비유하며, 흔들리면서도 뿌리를 굳건히 내린 갈대의 존재를 인간의 생명 회복술과 겹쳐 놓는다.
노란 간호복을 입은 창포, 대침을 만들던 한약방 아저씨의 기억은 민간요법과 전통의학의 은유로 연결되며, 자연이 스스로 의술을 베푸는 의원이자 명의로 그려진다. 먹빛 얼굴로 고통받던 시화호가 갈대의 침으로 되살아난다는 표현은, 환경 파괴와 오염으로 신음하던 생태계가 다시 생명력을 회복하는 과정을 생생히 담아낸다.
원앙새와 황조롱이, 해오라기와 장다리물떼새, 그리고 너구리와 수달이 돌아온 풍경은 곧 생명의 귀환이며, 생태적 균형의 복원을 상징한다. 갈대는 바람에 흔들리면서도 맥점을 놓치지 않는 의원처럼, 연약해 보이되 꺾이지 않는 힘으로 생태를 회복시킨다.
시인의 미의식은 여기서 뚜렷하게 드러난다. 그것은 인간의 문명적 욕망이 파괴한 자연을, 다시 자연 스스로의 힘으로 치유할 수 있다는 신념이다. 또한 '오늘도 습지는 침을 맞으려 찾아온 손님들로 만원이다'라는 종결은 인간까지 그 치유의 은혜를 받는 존재임을 일깨운다.
「갈대 습지」는 곧 자연을 인간과 동등한 생명의 의원으로 존중하며, 생태적 공존과 회복의 가치를 예찬하는 문학적 선언이다. 시인의 철학은 상처 입은 존재들을 외면하지 않고, 흔들리되 쓰러지지 않는 생명의 끈질김 속에서 희망을 찾는 데 있다.

청람

엄마와 감태

갯벌의 속살이 드러나면
갈매기와 게들도 일하러 나온다

어릴 적 엄마 몸빼바지 붙잡고 따라간 마동 바닷가
갯벌에서 엄마는 시퍼런 감태를 뜯고
운 좋은 날은 낙지와 짱뚱어도 잡았다

게를 잡으러 살금살금 다가가면 뿔뿔이
뻘 구멍으로 숨어 버리고 고무신에 넣어둔 게들마저
줄지어 도망간다

게들을 쫓던 뻘 범벅이 된 발이 시려온다

엄마 춥다 집에 가자
조금만 기다려라 그 조금만은
바닷물이 발목에 잠길 때까지 이어졌다

더 조르면 일로 오일장에 데려가지 않을까 봐
짜장면을 못 먹을까 봐
차가운 갯바람 피해
바위틈에서 눈물짓다 잠들던 일곱 살
해가 저물면 바다는 그만 집으로 가라고 등을 떠밀었다

그 많던 발자국은 어디로 갔을까
엄마 없는 바다
무심한 물결이 출렁이고 갈매기들 울음이 떠다닌다

긴긴밤 허기를 달래주는 주전부리가 되고
아부지 술안주도 되었던 감태가
꾸덕꾸덕 마르던 싸리나무 울타리도 보이지 않는다

엄마와 감태
- 엄마의 손길과 함께 사라진 바다의 기억

「엄마와 감태」는 개인적 추억과 삶의 근원적 풍경을 통해 가족, 생존, 그리고 상실의 의미를 형상화한 작품이다. 갯벌의 속살이 드러나는 장면에서 시작되는 시는, 단순한 자연 묘사가 아니라 노동의 현장을 드러낸다. 엄마가 몸뻬바지를 입고 감태를 뜯는 모습은 생계를 떠받치는 여성의 굳건한 힘을 보여주며, 그 곁에서 게를 잡다 눈물짓던 일곱 살 화자의 기억은 생존의 고단함 속에서도 어린 시절의 애틋한 풍경으로 남는다.

엄마의 "조금만 기다려라"는 말은 생계를 이어가기 위한 간절한 고투를 상징하면서도, 아이에게는 끝없이 연장되는 기다림과 추위로 각인된다. 오일장에 데려가지 않을까 봐 울음을 삼키던 두려움, 짜장면에 얽힌 소박한 희망은 곧 어린 시절의 가난과 기쁨이 교차하는 한국적 서정의 정수라 하겠다.

시간이 흘러 "엄마 없는 바다"가 되어버린 풍경은 더 이상 따뜻한 품이 아닌, 무심한 물결과 갈매기 울음으로만 남아 있다. 한때는 가족의 허기를 달래고 아버지의 술안주가 되었던 감태, 울타리에 꾸덕꾸덕 말라가던 풍경조차 사라진 현실은, 생존의 흔적조차 지워져가는 세월의 무상함을 드러낸다.

시인은 단순히 상실을 애도하는 데 그치지 않고, 사라진 것들을 기억 속에서 다시 살려내며 그것을 문학적 메타포로 승화한다. 「엄마와 감태」는 노동과 가난, 가족애와 상실을 꿰뚫으며, 가장 사소한 먹거리 속에 삶의 존엄과 애환을 새겨 넣는다. 시인의 미의식은 바로 이런 일상의 풍경을 역사의 기억과 철학적 성찰로 바꾸어내는 데 있으며, 그 안에서 인간의 삶이 지닌 숭고함을 드러낸다.

청람

아홉 마디를 견뎌야 제 이름을 갖는다

집 뒤편 수리산 비탈길에는
가을 내내 들국화 축제가 벌어지곤 하지
바람 따라온 쑥부쟁이, 감국, 벌개미취, 산국, 구절초는
향기를 어디에 숨겼다가 가을을 일시에 꺼내놓은 걸까
색색의 향내가 방 문턱을 넘어오면
그 애도 따라온 것 같아 두리번거려져

이맘때쯤 통학 열차 타러 임성리역으로 가는
용숲재 고갯길은 학생들이 뒤엉켜 시끌시끌했어
길섶에 무리 지어 피어있는 구절초를 머리에 꽂은
여학생들을 바라보며 남학생들은
미친 여자 닮았다고 웃었어
이웃집 형이 구절초 한 다발 꺾어 아랫마을 누나에게
건네주면
소문은 금세 온 동네에 퍼졌어

나도 구절초 닮은 그 애에게 구절초를 건네주고
싶었지만
꽃은 매번 내 손에서 시들고 말았어
어쩌다 빵집에서 만나도 말 한마디 못 했어

임성리역에서 완행열차를 타고 멀리 떠나온 후
구절초 여러 번 피고 진 다음
그 애 소식을 물었지만, 모르겠다는 마른 대답만
돌아왔어

구절초는 때가 되면 다시 피어 흔들리는데
그 애는 바람에 실려 어디로 간 것일까

가을은 이룬 자들이 바람 따라 떠나는 시간
아홉 마디를 가져야 구절초는 꽃을 피운다는데 나는
몇 마디쯤에서 머물고 있는 걸까

아홉 마디가 되면 상상은 완성되고
아홉 위의 세상을 볼 수 있을까 구절초를 닮은
그 애는 만날 수 있을까

아홉 마디를 넘어 꽃을 피우고 싶어서 나는
아직도 고도를 기다려*

*'고도를 기다리며'는 인간의 삶을 단순한 기다림으로 정의하고, 그 끝없는 기다림 속에 나타난 인간존재의 부조리 성을 보여주는 '사무엘 베케트'의 소설이다. '고도'가 무엇인지는 독자의 몫으로 남겨 두었다.

아홉 마디를 견뎌야 제 이름을 갖는다
 - 구절초와 함께 피어나지 못한 청춘의 기다림

「아홉 마디를 견뎌야 제 이름을 갖는다」는 구절초를 중심으로 청춘의 사랑, 기다림, 그리고 존재의 의미를 성찰하는 작품이다. 수리산 비탈에 가을마다 만발하는 들꽃들은 단순한 풍경이 아니라, 억눌렸던 기억과 감정을 일시에 피워 올리는 촉매로 등장한다. 구절초를 머리에 꽂은 여학생들을 향한 소년들의 웃음, 그리고 마음속 설렘을 감히 표현하지 못한 화자의 망설임은 청춘의 순수하면서도 아픈 시간을 드러낸다. 꽃은 제때에 다시 피지만, 구절초 닮은 소녀는 바람에 흩어져 사라져버렸다는 대비는 삶의 무상함을 상징하며, 기다림과 상실이 인간 존재의 조건임을 보여준다.

시는 "아홉 마디를 가져야 꽃을 피운다"는 생물학적 사실을 철학적 메타포로 확장한다. 이는 성숙과 완성, 그리고 자기 존재의 실현이 단번에 이루어지지 않고 수많은 인내와 단계를 거쳐야 가능하다는 진리를 드러낸다. '나는 몇 마디쯤에서 머물고 있는 걸까'라는 화자의 물음은 곧 인간 모두가 삶의 길 위에서 던지는 자기반성의 질문이 된다.

마지막에 '고도를 기다린다'는 선언은 존재를 규정하는 끝없는 기다림, 불확실한 완성의 시간을 베케트의 부조리 미학과 겹쳐내면서, 개인적 사랑의 상실을 보편적 존재의 물음으로 승화시킨다.

결국 이 작품은 한 소년의 첫사랑과 미완의 고백을 넘어서, 꽃이 피기까지의 아홉 마디를 인생의 성숙 과정에 빗댄 문학적 성찰이다. 시인의 미의식은 기다림과 부재 속에서도 여전히 희망을 품고 꽃을 피우려는 의지에 있으며, 이는 인간 존재가 가진 존엄한 빛으로 읽힌다.

청람

달팽이

맹인이 길을 가고 있다

흰 지팡이로 바닥을 두들기듯
등짐을 지고
더듬거리며 간다

길목마다 지뢰밭이다
소리들이 폭발하고 바닥은 높낮이를 알 수 없다
올려다보면 새들이,
풀숲에선 두꺼비들이 눈망울을 껌벅이고 있다

스치는 바람에도 신경이 곤두서고
달빛의 굴절에도 움찔움찔 놀란다

하지만 고래가 음파를 통해 수만 리를 가듯
소리와 요철의 중심은 잃지 않는다

세상은 양서류와 포유류의 사냥터
기댈 곳 없는 세상
바닥의 굴곡과 한 몸이 되어야 한다

한 몸 부부로 태어나 걸어온 길은
공포와 슬픔의 기록
헤쳐온 길목마다 표시한 눈물로 가득하다

달팽이
- 눈물로 더듬어 나아가는 존재의 길

「달팽이」는 시각장애인의 삶을 달팽이의 더듬이와 껍질에 비유하며, 인간 존재의 연약함과 동시에 생존의 의지를 드러낸 작품이다. 시의 첫머리에서 흰 지팡이를 두드리며 더듬거리며 나아가는 시각장애인의 모습은, 세상과의 불균형 속에서 몸으로 길을 더듬어내는 달팽이의 걸음을 연상시킨다.

'길목마다 지뢰밭'이라는 표현은 사회적 환경이 얼마나 위태롭고 위험한지를 압축적으로 드러내며, 이는 장애인의 삶을 넘어 모든 인간 존재가 맞닥뜨리는 불확실한 세계의 은유라 하겠다. 스치는 바람에도, 달빛의 굴절에도 놀라는 모습은 감각의 예민함을 보여주면서, 동시에 세상을 감내하는 내면적 긴장을 드러낸다. 시인은 고래의 음파에 비유하며, 비록 보이지 않아도 소리와 요철을 통해 중심을 잃지 않는 삶의 지혜를 제시한다.

이는 비극적 삶의 묘사가 아니라, 감각과 경험을 통해 세상과 조율해 가는 인간의 존엄을 일깨운다. 세상을 '양서류와 포유류의 사냥터'라 표현한 대목은 삶의 무정함과 잔혹함을 드러내지만, 달팽이가 바닥의 굴곡과 하나가 되듯 결국 존재는 환경과 더불어 살아가야 함을 역설한다. 마지막에 제시된 '공포와 슬픔의 기록'과 '눈물의 표시'는 단순한 한 개인의 고통이 아니라, 인류 전체가 지나온 고난의 흔적을 상징한다. 「달팽이」는 존재가 연약함에도 불구하고 길을 멈추지 않는 의지의 노래이며, 시인의 미의식은 삶의 고통을 외면하지 않고 그것을 생존의 철학으로 끌어안는 데 있다. 고통 속에서도 한 걸음씩 내딛는 달팽이의 행로는 곧 인간 존엄과 연대의 문학적 메타포로 빛난다.

청람

| 에필로그 |

갈대와 습지에서 배운 생의 언어

문학평론가 청람 김왕식

시집 『갈대 습지』는 한 권의 책 속에서 서서히 자라나는 생의 무늬이며, 시인이 갈대와 습지의 언어를 통해 우리에게 들려주는 삶의 숨결이다.

제1부에서 시간의 역류를 건너며 기억을 이끌고, 제2부에서 갈대와 습지의 은유로 자연과 역사를 품으며, 제3부에서 핑계의 진화를 통해 현실을 직시하고, 제4부에서 어머니와 고향의 언어를 다시 반죽하는 과정을 거쳐, 마지막 제5부에서는 대표작 10편이 하나의 거울처럼 배치된다. 이 모든 흐름은 결국 "삶은 흔들리되 꺾이지 않는다"는 고백으로 귀결된다.

제1부 「시간을 역류하다」에서 시인은 서랍 속 냄새, 얼음새꽃, 섬의 고독 같은 이미지들을 통해 과거를 단순한 회상으로 부르지 않는다. 그는 기억을 현재의 삶 속에 살아 있는 씨앗처럼 품고, 그 씨앗을 오늘의 언어로 싹 틔운다. 상처도 미화하지 않고, 그마저 껴안으며 살아가려는 태도는 시인의 시학을 가늠케 한다. 기억은 추억이 아니라 지금도 우리를 호흡하게 하는 또 하나의 시간임을 일깨운다.

　제2부는 이 시집의 중심이자 심장이다. 갈대는 꺾이지 않고 휘어지는 생의 힘이며, 습지는 흐르지 않으면서도 모든 생명을 품는 품이다. '한탄강 어부'에서 어부의 등은 개인을 넘어 공동체와 역사의 등으로 확장된다. "갈대가 습지의 등에 침을 놓는다"는 표현은 상처를 찌르는 언어가 아니라 치유의 손길이다. 자연은 대상이 아니라 우리와 함께 숨 쉬는 존재라는 자각이 이 부분 전체를 지배한다.

　제3부 「핑계의 진화」에서 시인은 인간과 도시, 기술과 소외가 만들어내는 풍경을 담담히 비춘다. '악수를 악수하다'의 역설, '과대포장'의 문명 비판, '반올림을 꿈꾸며'의 작은 희망은 모두 거대한 담론의 소란을 벗어나 조용히 그러나 분명하게 현실을 응시한다. 시인은 소리치지 않기에 더 크게 울리고, 비판하지 않기에 더 깊이 파고든다. 그의 언어는 가장자리의 불편함을 끌어안는 낮은 숨결이다.

제4부 「어머니의 반죽」은 이 시집이 기댄 뿌리다. 보름달 한 그릇으로 배를 채웠던 기억, 주름을 삶의 지도로 읽는 시선, 코뚜레 속에 담긴 절제의 언어는 모두 시인의 존재적 토대다. 어머니는 떠난 이가 아니라 지금도 시 속에서 살아 있는 존재다. 시인의 언어는 어머니의 손길처럼 반죽되어 우리 앞에 놓인다. 이 대목에서 독자는 결핍을 넘어선 충만, 사라짐을 넘어선 현재성을 경험한다.

제5부에서 다룬 대표작 10편 ―「묵호항의 해거름」, 「격렬비열도」, 「점자 블록」, 「시간을 역류하다」, 「한탄강은 흐른다」, 「지게부대」, 「갈대 습지」, 「엄마와 감태」, 「아홉 마디를 견뎌야 제 이름을 갖는다」, 「달팽이」― 는 이 시집의 핵심 무늬를 압축한다.
바다와 섬, 역사와 노동, 고향과 어머니, 그리고 작은 존재의 언어들이 하나의 서사로 이어져 있다. 이 작품들은 모두 흔들리지만 꺾이지 않는 삶, 고통 속에서도 다시 숨 쉬는 생을 증언한다.

『갈대 습지』가 품은 또 하나의 미덕은 유머다. '냄비받침', '바늘귀' 같은 시편에서 발견되는 유머는 날카롭지 않고 따뜻하다. 그것은 독자와 시 사이의 거리를 줄이는 다리이며, 웃음 뒤에 희망을 남기는 품이다. 또한 이오동 시의 핵심은 언어의 정직함이다. 꾸미지 않고, 서두르지 않고, 낮은 목소리로 곁에 머무는 언어. 장식 없는 흙의 질감 속에서 들꽃처럼 피어나는 언어가 바로 그의 시다.

『갈대 습지』는 시를 잘 쓰려는 시집이 아니라, 시로써 더 잘 살아가려는 시집이다. 시인은 눈부신 은유보다 작은 빛을, 소란한 목소리보다 작은 숨을 택한다. 그 언어는 독자의 어깨를 다독이고, 등을 쓸어주며, 끝내 우리를 안아준다.

갈대처럼 흔들리되 꺾이지 않는 생의 힘, 습지처럼 낮으면서도 깊게 품어내는 숨결이 이 시집의 본령이다. 책장을 덮는 순간 독자는 깨닫는다. 삶이 힘들었다는 것이 아니라, 그럼에도 여전히 아름답다는 사실을.

요컨대,『갈대 습지』는 그런 '안김의 시집'이다. 세상의 변두리에서 잊히는 언어가 아니라, 생을 부드럽게 감싸는 언어. 갈대와 습지의 언어로 우리에게 남는 메시지는 단 하나다.

"지금도 당신은 숨 쉬고 있는가."

그 물음 앞에서, 우리는 시를 읽는 것이 아니라 시에 안긴다.

청람